미술치료

유아를 위한 심리정서적 접근

오연주 / 홍혜자 / 성주연 / 김현지

창지사

머리말

최근 여성의 사회적 진출 증가, 가족 구성의 다양화, 정보화 등으로 현대사회가 변화해감에 따라 우리나라의 복지정책, 유아교육제도 등도 함께 변화하고 있다. 기존에 비해 영유아가 어린이집이나 유치원에서 생활하는 시간이 증가하는 추세이고, 이는 곧 부모와 자녀와의 소통 기회 감소로 이어지고 있으며, 영유아의 정서적 안정에 바람직하지 않은 환경으로 작용하고 있다.

이에 저자 일동은 유아의 심리·정서적 안정을 도모하고 좋은 인성을 가진 성인으로 성장하는 데 도움이 될 수 있는 미술 치유 프로그램을 기획하였다. 이 프로그램을 위해 유아교육 현장에서 활용할 수 있는 자연물을 활용한 미술 활동을 개발하였으며, 교재 형식으로 발간하게 되었다. 본 교재는 유아의 발달에 결정적인 영향을 미치는 교사나 부모가 유아의 작품을 통해 유아의 정서적 상태를 손쉽게 진단하는 방법을 제시하였다. 특히, 기존 유아 미술 관련 교재에서 다루지 않았던 미술 작품 분석 지표와 그와 관련된 사례를 수록함으로써 교사가 유아에 대해 보다 폭넓은 이해를 하는 데 도움을 줄 것이다.

본 교재는 1부와 2부로 나누어 구성하였다.

1부 1장에서는, 미술치료, 미술상담 분야의 이론들을 살펴보고 선행연구와 임상을 통하여 선별된 유아에 적합한 미술심리상담의 다양한 방법들을 알아보며, 각 검사별 일반적인 특성들과 분석 방법을 제시하였다.

1부 2장에서는, 실제 유아들의 그림 사례를 보며 일관성 있게 드러나는 유아의 그리기 패턴과 이를 근거로 해석할 수 있는 심리 상태 등을 알아보며, 유아의 그림을 분석하고 진단하는 방법을 제시하였다.

2부에서는, 유아교육현장에서 유아와 교사 그리고 부모가 함께할 수 있는 미술 활동들을 수록하였는데 꽃, 돌, 물, 나뭇잎 등 자연물을 활용하였다. 자연물을 활용한 미술 활동은 유아에게 즐거움을 줄 뿐 아니라 나와 가족을 사랑하는 마음, 환경을 배려하는 마음, 그리고 자연을 소중히 여기는 태도까지도 기를 수 있을 것이다.

본 교재를 통해 교사가 유아의 미술 작품을 보고 유아의 심리상태를 예측하고 치유할 수 있는 다양한 활동을 계획 실행함으로써 우리의 모든 유아가 바른 인성을 갖춘 미래의 인재로 성장하기를 기대한다.

2014년 10월

저자 일동

이론편

실제편

제 1 부

이론편

1 미술치료의 이해

1. 미술치료의 개념과 특징

미술치료는 '미술'과 '치료'가 결합된 낱말이다. '미술'은 인류의 역사와 더불어 시작되어 지금까지도 인간의 삶과 밀접한 관계를 맺으며 이어지고 있다. 인간은 미술 작업을 통해 자신의 무의식을 내포하는 실체를 선택하여 그리기와 만들기를 한다. 또한, 자신이 직접 경험했던 것과 자신의 주위 환경을 관찰하여 재현하기도 한다. 이러한 활동에는 자기 자신이 투영되며, 이러한 미술 활동을 통해 심리적 자아를 통합하는 과정으로 나아가게 된다.

'치료'라는 낱말은 그리스 어 'Therapia'에서 유래한다. Therapia는 원래 장려하고 돌보고, 간호하고 치유하는 광의적인 의미가 있는데, 환자의 병을 치료하거나 약화시키는 것을 목적으로 상세한 진단과 환자의 적응 상태를 기초로 한다. 목표지향적 임상 작업이라는 협의적 의미로 정의되기도 한다(김선현, 임상미술치료의 이해, 학지사, 2006).

즉, 미술치료라는 용어는 미술 활동을 통해 치료 효과를 얻는 것을 일컫는다고 정의할 수 있다. 인간은 시각 혹은 촉각 매체로 다가가는 미술 작업을 통해, 스스로 억제된 욕구와 상실감, 왜곡된 정서를 발견한다. 그리고 이것들을 상징하는 작품을 만들고, 매체를 자유롭게 다룸으로써 욕구를 해소하기도 하고, 문제를 바르게 인지하여, 심리적, 정서적으로 한 단계 성장하는 경험을 하기도 한다. 이같은 미술 작업들은 심리적 치료 효과를 가지며, 자아가 긍정적으로 성장하는 데 기여한다.

언어의 사용을 주로 하는 다른 심리 치료와 비교할 때 미술치료의 장점은 다음과 같다.

첫째, 미술은 이미지로 표현되므로 언어 사용에서 어려움을 주는 방어가 감소된다. 상담 치료에서 숨기고 말하고 싶어 하지 않는 자신의 심리가 미술치료에서는 이미지로 표현된다. 또 자신도 모르게 의식하지 못한 내면의 무의식이 표출되기도 한다.

[그림 1] 가족 동물화(6세 여아)

[그림 1]은 동물 모양을 오려 자신의 가족과 집안을 표현한 작품이다. 화를 많이 내는 엄마는 하마, 놀아주지 않는 아빠는 다른 방향을 보고 있는 코끼리, 자기 말을 안 듣는 동생은 장난꾸러기 강아지로 표현했고, 자기 자신은 나비로 표현했다. 집안에 불이 났다며 빨간색으로 뾰족한 세모 모양을 많이 그렸다. 상담 중 자신의 가족이 행복하다는 유아가 표현한 가족 그림 속에는, 유아가 가족 내에서 느끼는 심리적 갈등이 드러나고 있다.

둘째, 미술은 하나의 공간 안에 표현할 수 있다는 점이다. 예를 들어 내담자가 언어로 표현하기 복잡한 관계들이 한 장의 그림 혹은, 한 공간에 표현된 조형물로 표현되어 심리적 정황을 설명해 줄 수 있다.

[그림 2] 동적 가족화(11세 여아)

[그림 2]는 등장인물 중 자신을 가장 크게 그렸고 다음 아빠이다. 엄마는 생략되었다. 아빠와 나 사이에 오빠가 있는 것은 둘의 관계에 장애물을 의미하는 것으로 볼 수 있다. 그러기에 방해되는 오빠를 이불이라는 상징물로 덮어 놓고 무기력화시키고 싶은 마음이 드러난다. 오빠의 머리 부분을 덧칠한 것은 오빠에 대한 감정을 표현한 것이다. 이런 방해 대상을 무기력하게 만들었음에도 불구하고 아빠는 고장 난 차를 고치고 있기 때문에 아빠의 관심이 자신에게 돌아올 수 없음을 암시한다. 또한, 고장 난 자동차는 기능을 하지 못하는 상징으로 보아 가족 간에 기능적이지 못한 상징이 아닐까 생각된다. 또한, 그것을 바로잡는 것이 아빠의 역할이 될 수도 있다.

이러한 작업의 결과물들은 기록되고 수집될 수 있는 상태의 것이므로, 내담자의 치료 과정을 보관하여 되돌아 볼 수 있다.

〈미술치료의 장점〉

1. 미술은 심상(image)의 표현	꿈, 환상, 경험 등 언어로 표현하기 힘든 심상을 그림으로 편하게 표현하도록 하며, '엄마'라는 말을 하기 전에 엄마의 심상이 먼저 떠오르는 이미지를 표현한다.
2. 비언어적인 내담자의 방어를 감소	감정을 말로 표현할 때 방어를 많이 하게 되지만 그림은 방어를 감소시킨다. • 방어를 하지 않는 경우 : 언어 7%, 목소리 38%, 비언어적 표현 55%
3. 구체적인 자료를 즉시 얻을 수 있음	표현된 작품이 치료사와 내담자 사이의 연결 다리가 되며 내담자의 마음을 끄집어 낼 수 있는 통로가 된다. 내담자는 자신도 모르게 만들어진 작품을 보면서 놀라움을 느끼며 자신을 탐색하고 이해하게 된다.
4. 자료의 영속성	작품을 보관하여 시간이 지난 후 재검토하여 치료 효과를 높일 수 있으며, 자신의 감정을 회상하면서 새로운 통찰이 일어나기도 한다. 작품의 변화를 통해서 치료의 과정을 한눈에 이해할 수 있다.
5. 공간성을 지님	언어는 일차원적인 의사소통방식으로 시간성을 가진다. 미술 활동은 공간성을 지니며 시간적인 제약이 없다. 작품을 통해 모든 관계와 상황을 동시에 이해할 수 있다(가깝거나 먼 것, 결합과 분리, 유사점과 차이점, 특이한 속성, 가족 관계 등).
6. 창조성과 신체적 에너지를 끌어올림	작품을 만들고 감상하고 토론하고 정리하는 시간에 떨어져 있던 에너지가 상승한다.

위와 같은 장점이 있는 미술치료의 효과는 다음과 같다.

가장 기본적인 효과는 내담자의 정서에 안정감을 준다는 것이다. 내담자는 미술 작업을 매개로 억압된 감정을 표출한다. 마음속에 있는 불만과 불안 등의 감정을 시각적으로 타인에게 노출시켜 객관적으로 바라볼 수 있게 되고, 이를 통해 자신의 감정을 정화시키는 효과를 얻는다. 미술 작업은 직접적인 행동의 표현이 아닌 상징적인 것이므로, 미술 활동이라는 안전한 테두리 안에서 자유와 해방감도 느낄 수 있다.

[그림 3] 고슴도치(7세 여아)

[그림 3]의 작품은 내면의 불만과 공격적 태도가 고슴도치로 표현된 것이다.

미술 작품은 내담자 자신도 의식하지 못했던 부분을 무의식적으로 드러내기도 한다. 이를 통해 의식하지 못한 자신의 문제를 인식할 수 있고, 자기 자신을 이해할 수 있다. 또, 미술교육과는 달리, 미술치료에서의 작업은 작품의 완성도나 능숙한 정도를 평가하지 않는다는 점에서 치료적 효과를 찾을 수 있다. 내담자는 다른 사람의 평가에 연연하지 않고 자신이 표현하고자 하는 것을 작품화하도록 격려받는다.

자기만의 작품이 완성됨에 따라 자존감이 향상되고, 그것이 작품화되지 않는 활동이라 하더라도 행위 자체가 자기주도적인 것이므로 자신감과 만족감을 얻게 된다. 이러한 자신감과 만족감은 내담자가 가진 불안정한 정서를 안정된 정서로 통합시키는데 도움을 준다.

[그림 4] (7세 남아)

[그림 4]의 내담자는 마음 가는 대로 붓질을 하여 그림의 완성도를 평가하기는 어려우나, 스스로 매체를 선택한 주도적 작업을 통해 만족감을 얻는다.

공상을 하는 경향이 있고, 비현실적인 경험을 꿈꾸는 내담자의 경우, 자신이 꿈꾸는 상황을 그리거나 만들면서 심리적 대리만족을 얻기도 한다. 심리적 대리만족을 통해 얻은 만족감은 내담자가 갖고 있던 정서적 불만족을 해소하여 안정된 심리 상태로 돌아올 수 있게 한다.

[그림 5] 자아상(6세 여아)

[그림 5]에서 유아는 화려한 무대에서 노래하는 자신의 모습을 그리고 꾸몄다.

비구조적 미술치료의 경우, 미술매체나 작업 자체를 내담자 스스로 결정하고, 정해지지 않은 과정을 스스로 만들어간다. 매체와 작업의 선택은 내담자의 창의성에 바탕을 두고 있으며, 작업 과정 중 경험하게 되는 여러 가지 문제를 내담자 스스로 하나씩 해결해 나가면서 문제 해결력을 향상시키고 자신감을 높이게 된다. 유아는 문제를 해결하기 위해 주변과 상대방을 관찰하기도 하며, 완성된 작품을 가지고 치료자와 대화하며 의미 있는 의사소통 능력을 키우게 된다.

[그림 6] (7세 남아)

[그림 6]의 경우, 풍선이라는 매체를 유아가 직접 선택하였고, 부모님의 얼굴을 꾸미기 위해 아이클레이를 찾아내어 그 인상을 꾸몄다. 유아는 아버지가 부재한 경우로, 작업 후 치료자와 아버지에 대해서 대화를 나누었다.

〈미술치료의 효과〉

1. 정서적 안정감	미술작업을 통해 억압된 감정을 표출하여 내적 불안을 객관적으로 바라보게 되고 감정을 정화시킨다.
2. 무의식의 표출	의식하지 못한 자신의 문제를 인식하고 자기 이해에 도달한다.
3. 자존감 향상	미술교육과 달리 작품의 완성도가 아니라, 작업 과정을 중시하고, 표현된 내용을 중요하게 다루므로 자존감을 향상시킨다.

4. 심리적 대리만족	공상이 많은 내담자가 현실에서의 정서적 불만족을 미술로 표현하여 심리적 대리만족을 가능하게 한다.
5. 문제 해결능력 향상	자기 주도적 매체 선택과 작업 선택으로 작업 도중 예기치 않은 상태에 대한 문제 해결력을 스스로 향상시키게 된다.

위와 같은 미술치료의 장점과 치료 효과는 그 대상이 광범위하다.

언어에 능숙하지 못한 유아는 미술 작업을 통해 자신의 심리적 상황을 자세히 드러낼 수 있다. 유아들은 미술매체와의 만남을 통해 애착 관계를 경험할 수 있고, 심리적 불안을 해소할 수 있다.

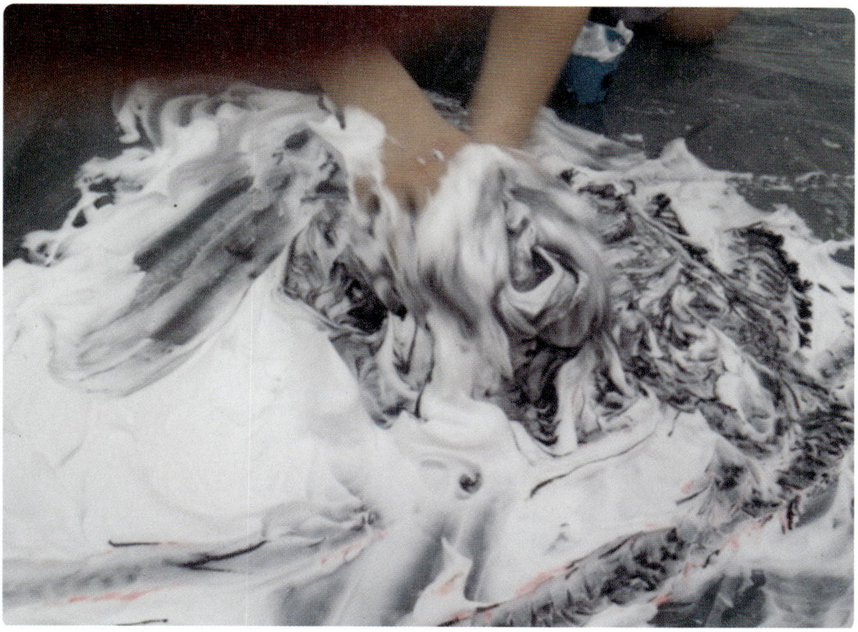

[그림 7] 면도 크림 작업(5세 남아)

[그림 7]에서 내담자는 면도 크림의 부드러움을 다루어 애착 관계를 재경험하고 있다.

유아기와 아동기에는 성인에 비해 자신의 마음속에 있는 것을 밖으로 표현하려는 욕구가 강하다. 이를 조형적으로나, 신체 동작 등으로 표현하려 한다.

특히 아동기에는 신체적 성장과 정신적 성장이 활발하게 이루어진다. 또한, 학교라는 단체 생활에 적응하면서 심리적 불안을 호소하기도 하고, 또래 집단에서 잘 어울리지 못해 어려움을 겪기도 한다. 아동은 이렇게 적응하기 힘든 자신의 현재 상태나 무의식 상태를 미술 작업을 통해 알린다. 또한, 유아기보다 표현력이 발달하여 자신의 감정을 자세히 인식하여 표현하고 미술 작품을 언어화하기도 한다.

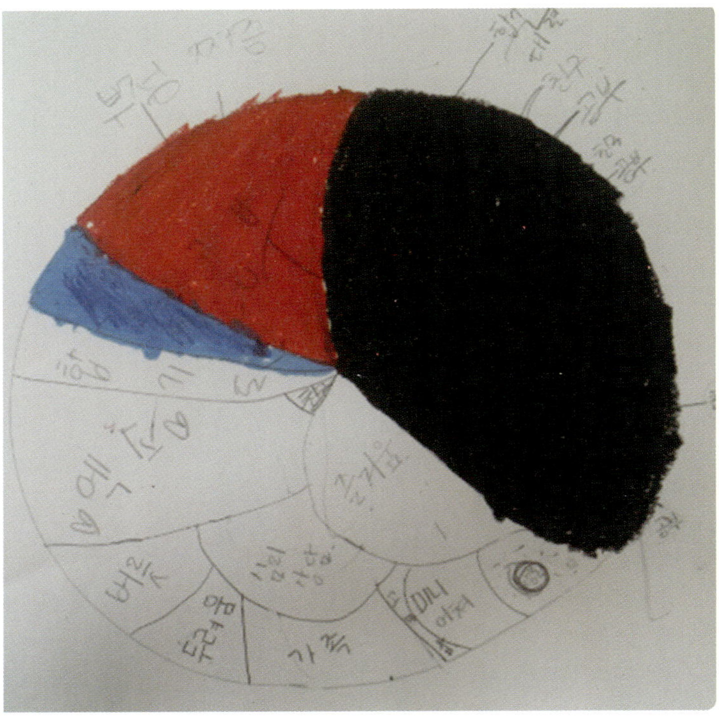

[그림 8] 감정 파이(12세 여아)

[그림 8]의 아동은 불안의 감정을 검은색으로 칠하고, '불안'하면 생각나는 단어들을 적었다. 스트레스는 빨간색으로 칠했다.

청소년기에는 반사회적 행동을 보이거나 부정적인 성향을 가지는 경향이 많다. 이들을 위해 분노나 적대감 등의 부정적 감정을 미술로 표현하도록 하여 감정을 정화시키도록 도움을 줄 수 있다.

[그림 9] 화산폭발 작업(14세 남아)

[그림 9]의 내담자는 화산 폭발 작업을 통해 분노 감정을 표출하여 감정을 정화시킬 수 있다.

청소년기는 올바른 자아 형성이 중요한 시기이므로, 미술치료를 통해 자아 존중감을 향상시켜, 안정된 정서를 공고히 하고 바른 인격체로 성장할 수 있도록 해 주어야 한다.

성인의 경우에도 자신이 느끼고 있는 갈등 상황을 조정하게 하고, 미술을 통해 욕구를 해소하고 부정적인 감정을 승화시켜, 안정된 정서를 가질 수 있도록 도와준다.

[그림 10] 새둥지 만들기(성인 여성)

[그림 10]은 새둥지 만들기를 통해 어머니에 대한 감정을 표현하고 긍정적으로 승화시킨 경우이다.

〈미술치료의 대상〉

1. 유아	언어에 능숙하지 못한 내담자가 미술 작업을 통해 애착 관계 경험, 심리적 불안 해소 가능.
2. 아동	단체 생활 적응 시의 심리적 불안감, 현재의 무의식 상태를 미술 작업으로 알리게 하고, 자신의 감정을 인식하게 한다.
3. 청소년	분노나 적대감 등 부정적 감정을 미술로 표현하여 감정을 정화시켜 올바른 자아형성에 도움을 준다.
4. 성인	현재의 갈등 상황 조정. 욕구 해소를 통해 안정된 정서를 갖게 한다.

이와 같이 미술은 모든 발달 단계에서 발생하는 변화를 표현하고 자신의 경험에 반응하는 출구가 된다. 따라서 유아, 아동, 청소년, 성인까지 모든 사람에게 미술치료는 유용하다. 물론 정신적, 육체적 문제를 가진 장애인이나 환자들도 치료 대상에 포함된다. 모든 인간은 인생을 살아가면서 크고 작은 갈등을 겪게 되고 이것이 상처와 심리적 불안정을 가져오기도 한다. 이것에 현명하게 대처하여 예방하고 치유하는 데 미술치료가 도움을 줄 수 있을 것이다.

2. 미술치료의 역사

선사시대의 인간은 동굴에 그림을 새겨 넣었다. 이 그림은 두려움으로부터 자신들을 보호하기 위한 주술적 목적이었고, 개인과 집단의 안녕을 기원하는 활동이었다. 또한, 자신들의 소망을 표현한 것이기도 했다. 미술치료의 역사는 여기서부터 시작되었다고 볼 수 있다.

라스코 동굴 (프랑스)	15000년 전 발견된 동굴 벽화를 보면 고대 원시인들이 미술활동을 했다는 것을 알 수 있다.
알타미라 동굴 (스페인 북부)	구석기 시대 약 기원전 1만 4500년 전으로 추정되는 작품. 생동감 있는 들소 그림으로 구석기인의 미술 활동을 알 수 있다.

우리나라에서는 선사시대 <반구대 암각화>와 삼국시대 <사신도>를 비롯해 현세의 행복을 기원하며 사회의 안정을 소망하던 민화에도 미술치료적 의미를 부여할 수 있겠다.

서양에서는 19세기 후반 산업화로 인하여 인간성 상실 등 정신적 공허감이 몰려오면서 미술치료의 필요성이 자각되었다고 본다.

그러나 현재 사용하고 있는 '미술치료'라는 용어는 1961년 미술치료 회보(Bulletin

of Art therapy)의 창간호에서 편집자 울만(Ulman)에 의해 처음으로 사용되었다. 울만은 미술치료는 교육, 재활, 정신 치료 등 다양한 분야에서 널리 사용될 수 있으며 공통적으로 시각 예술이라는 수단을 이용하여 인격의 통합 혹은 재통합을 돕기 위한 시도라고 해석하고 있다(최외선, 이근매, 김갑숙, 최선남, 이미옥, 마음을 나누는 미술치료, 학지사, 2006).

오늘날에는 프로이드(Freud)와 융(Jung)으로 대표되는 정신의학의 발달과 함께 미술치료가 성장하였다. 미국에서는 정신분석학자인 나움버그(Naumburg)가 1940년대에 정신치료에 미술을 도입하였고, 지금까지 그가 미술치료의 토대를 만들었다고 평가된다. 1950년대에는 크레이머(Kramer)가 연구하면서 다양한 견해가 나타나게 되었다. 1960년대에는 미국 미술치료학회가 창립되고 미술치료전문지가 출간되었다. 이후 미국 이외의 다른 나라에서도 정신병원의 입원환자를 대상으로 미술치료가 시도되어왔다. 일본에서는 1984년 가족화 연구회를 창립하여 매년 학회를 개최하고 있으며, 『임상묘화연구』라는 전문지를 펴냈다(김정희, 색을 통한 미술 심리치료 연구, 강원대 교육대학원 석사논문, 2010). 1991년에는 일본묘화검사요법학회를 창립하여 그림 진단 검사 및 다양한 미술치료기법을 개발하는 등 적극적인 활동을 하고 있다.

우리나라도 1960년 국립서울정신병원에서 미술치료가 시행되기 시작하였다. 1982년에는 정신과 의사들로 주축이 되어 정신 의학계의 산하단체로 한국임상예술학회가 창립되었다. 1991년에는 최초로 대구대학교 재활과학 대학원에 미술치료학과가 정규 과정으로 개설되었고, 1992년 11월에 한국미술치료학회가 창립되어 미술치료가 전문적인 양상을 보이기 시작했다. 이후 급속한 산업화, 도시화로 미술치료에 대한 관심이 증폭되고 그 가능성에 대한 많은 기대를 갖게 되었다(권남희, 미술치료 수업을 통한 자아존중감 향상에 관한 연구, 공주교대 석사논문, 2011). 우리나라에서 미술치료는 과거에 정신병이나 발달장애 등의 언어적 접근이 어려운 영역에 주로 적용되었었다. 그러나 지금은 일반적인 부적응이나 부모 교육, 일반인의 자아 성장, 아동의 자신감 키우기 분야로까지 확대되었으며, 대상도 아동뿐 아니라 노인에 이르기까지 넓어지고 있다.

3. 대표적 학자와 수용 입장

미술치료를 수용하고 연구하는 학자들은 세계적으로 늘어나는 추세이다. 이처럼 미술치료의 활성화를 가져온 토대가 된 학자는 나움버그(Naumburg)와 크레이머(Kramer), 울만(Ulman)이라고 평가되고 있다. '미술'과 '치료'의 합성어로서 '미술치료'를 바라보는 입장은 위의 학자로 대표되는 세 가지 견해로 수용된다.

먼저 나움버그는 '치료'를 중시하는 경향이며, 크레이머가 '미술'을 중시하고, 이 둘을 통합하는 입장이 울만의 견해이다.

1) 마가렛 나움버그(Margaret Naumberg)

나움버그는 '치료로서의 미술(Art in therapy)'을 강조하고 있다. 나움버그는 초기에는 교육자로 활동하였으며 후기에 심리학과 정신분석을 공부하여 치료사로 널리 알려졌다. 1920년에 뉴욕의 월든 학교에서 미술 교육의 한 방식으로 자발적 그림(spontaeous art)을 시도한 후에 그것을 미술치료의 한 모델로 개발하였으며 주로 자유연상, 자발적 그림 표현과 그 해석, 그림의 상징성 등을 중요시하였다(한국미술치료학회, 미술치료의 이론과 실제, 동화문화사, 1994).

나움버그는 본격적으로 미술치료 분야를 개척한 선구적 인물로 평가되는데, 미술치료의 개척은 자신의 경험에 의한 것이었다. 그는 자신의 꿈이나 환상을 그림으로 그리면서 개인적으로 자유로움을 느꼈다고 한다. 그 과정에서 무의식의 의식화가 이루어지고, 창작을 통하여 상징을 발견하는 것이 치료적 요소라는 것을 알게 되었다.

치료자와 내담자의 관계 형성, 전이(轉移 : 내담자가 이전의 대인관계 중 중요했던 사람에게 가졌던 감정을 상담자에게 무의식적으로 표현하는 것으로 주로 부모와의 정서적 관계를 재현하게 된다.)와 역전이(逆轉移 : 내담자의 태도 및 외형적 행동에 대한 상담자 개인의 정서적 반응)의 해결, 자유연상(自由聯想 : 정신분석적 치료에서 사용하는 기법으로서 내담자가 마음에 떠오르는 것은 아무리 부적절하고 부끄러운 것이라도 모두 이야기하도록 한다.), 자발적인 그림 표현과 해석, 그리고 그림의 상징성을 중시하는 그는 '미술'을 심리치료의 매개체로 인식했다(김정은, 청소년기의 치료적 미술활동 프로그램 제안, 이화여대 석사논문, 2003).

그는 미술치료가 본질적으로는 정신분석 치료법의 수단으로 이용된다고 본다. 나움버그는 미술치료가 무의식의 욕망이나 꿈, 환상을 드러내고, 이는 언어를 사용하는 것보다 검열 기능을 약화시키므로 효과적인 치료법이라고 주장한다.

2) 에디트 크레이머(Edith Kramer)

크레이머는 미술치료가 '치료로서의 미술(Art as therapy)'이라는 점을 강조한다. 미술치료는 심리를 알아내고 치료하기 위한 수단이 아니라, 미술 작업 자체의 과정이 치료라는 것이다. 이 경험 속에서 내담자는 자기를 표현하게 되고, 미술 작업을 통해 승화를 경험하여 자아가 성숙된다. 또한, 내담자는 미술치료 중에 자신의 파괴적이고 반사회적인 에너지를 분출한다. 미술 작업 과정에서 분출된 파괴적 에너지는 표현됨으로 인해 감소될 수 있고, 다른 방향으로 전환될 수 있다고 보았다.

내담자는 미술 작업 중에 자신의 충동과 환상을 접하게 되면서 그 속에서의 갈등을 재경험한다. 또, 자기 훈련과 인내를 배우면서 재경험하게 된 갈등을 해결하고 통합하게 된다고 한다. 즉, 크레이머에 따르면, 미술 작업 과정 자체가 치료라는 것이다.

3) 엘머 울만(Elmer Ulman)

울만은 위의 두 견해를 통합하여(Therapy and Creativity), 미술과 치료 두 측면을 모두 중시한다. 즉, 치료로서의 미술과 그림을 매개로 한 심리 치료를 적절하게 절충하고자 하였다. 그는 나움버그, 크레이머와 더불어 프로이드의 정신분석적 틀 내에서 인간의 내적 갈등과 승화라는 중요한 두 개념을 미술치료로 가져와 나움버그의 도구로서의 미술을 사용하는 치료와 크레이머의 미술의 치료적인 효과를 통합하려고 노력하였다(정여주, 미술치료의 이해-이론과 실제, 학지사, 2003).

울만은 '미술'과 '치료'라는 두 영역의 결합인 미술치료를 다음과 같이 정리하였다. 첫째, 치료를 중시하는 입장에서 미술은 치료자와 환자 사이에서 전달된 상징적 대화이며, 정신분석적 정신치료법의 도입 수단이다. 둘째, 미술에 중점을 두는 것으로서 예술을 창조하는 행위야말로 치료적이라고 한다. 마음이 병든 사람을 재통합하는데 현실과 공상, 의식과 무의식을 융합하는 예술이 적합하다고 보는 것이다. 울만은 나움버그와 크레이머의 이론 모두 적용 타당성이 있다고 인식하였다. 울만에게 있어 '미술심리치료'와 '치료로서의 미술'은 치료적 측면과 창조적 측면을 모두 내포하고 있는 것이다(한국미술치료학회, 미술치료의 이론과 실제, 동아문화사, 1994).

4) 다른 학자들

이러한 미술치료 이론은 대상관계이론을 미술치료에 접목한 라빈즈(Robbins), 융(Jung)의 적극적 명상을 도입한 왈러스(Wallace), 미술을 자기 지각을 강화하는 도구로 사용한 라인(Rhyne), 언어적 지능과 다른 시각적, 공간적 지능을 재는 검사기법을 만든 실버(Silver), 절충적 접근을 시도한 와데슨(Wadeson), 아동미술치료에 탁월한 루빈(Rubin), 말키오디(Malchiodi)로 계속 이어지고 있다(주리애, 미술치료는 마술치료, 학지사, 2000).

2 미술치료와 심리학

1. 미술치료에 적용되는 심리학 이론

1) 정신분석적 미술치료

정신분석적 모형은 발달의 경향, 성장 단계에서의 주요한 발달 과업, 정상인 및 비정상인의 사회적 역할, 욕구 및 그에 대한 불만족 그리고 그로 인해 야기되는 성격발달 결함의 근원 등을 이해하는 개념적 도구로 사용한다. 프로이드는 무의식의 역할에 대해 초점을 맞추었고, 인간의 기본적인 성격구조를 이해하고 수정하기 위한 치료절차를 발달시켜, 역동적인 정신 체계를 구축할 수 있는 기초를 세웠다.

프로이드는 인간의 정신을 무의식의 층, 전의식의 층, 의식의 층이 있는 것으로 가정했다. 그는 무의식은 모든 기억, 경험, 억압되어 있는 재료들로 우리가 전혀 느낄 수 없고 인식할 수도 없는 곳에 있어 가장 접근이 어려운 것이라고 했다. 전의식은 현재 인식하고 있지는 않지만 노력하면 인식할 가능성을 가지고 있는 것이며, 의식은 현재 자신이 인식하고 있는 자신의 마음이라고 했다.

정신분석적 상담의 목표는 무의식을 의식화하고, 자아를 강하게 하여 본능의 욕구보다는 현실에 바탕을 두도록 하는 것이다. 프로이드에 따르면 왜곡되고 억압되어 있는 무의식의 숨겨진 내용을 찾는 것이 정신분석가가 해야 하는 중요한 작업이 된다.

그래서 프로이드를 중심으로 한 정신분석가들은 자유연상법이나 꿈의 해석, 저항과 전이의 분석과 해석 등을 기법으로 사용한다. 정신분석이론에 입각한 미술치료사들은 환자의 그림은 모두 무의식의 고통이나 억압을 받고 있다고 본다. 따라서 환자의 자유로운 표현과 즉흥적인 표현을 중요하게 생각하며 환자의 자유연상에 집중하여 그 숨겨진 의미를 파악한다(한국미술치료학회, 미술치료의 이론과 실제, 대구 : 동아문화사, 1994).

정신분석적 미술치료에서는 아동에게는 그림을 치료에 사용하였으나, 성인에게는 사용하지 않았으며, 그 당시 다른 분석가들은 꿈의 분석보다는 미술 작품을 해석하는 것이 더 효율적이라고 제안한 바 있었다. 성인들에게도 난화나 핑거페인팅을 그려 자유연상을 하게 하거나 연상되는 것을 그리라고 하는 방법을 사용하는 치료자가 늘어나고 있는데 이를 확립한 사람이 나움버그이다. 그는 낙서 기법인 난화를 그리게 한 후 연상되는 것을 치료자에게 말하고 치료자는 분석하였다. 크레이머는 미술 활동을 통해 자신의 파괴적, 반사회적 에너지를 분출함으로써 그런 에너지를 감소시키고 승화하도록 강화시킨다고 주장하였다.

〈정신분석적 미술치료의 방법〉

1. 내담자에게 자유로운 선택의 기회를 주어 미술매체의 선택과 그림의 주제를 자유롭게 한다. 상상과 자유연상을 하도록 하여 자유롭고 즉흥적인 표현을 할 수 있도록 한다. 그림에서 내담자의 억압과 무의식적 고통, 판타지, 유년시절의 기억들을 표현할 수 있도록 한다.
2. 표현된 그림과 그리는 과정의 태도와 행동 반응들을 관찰한다. 표현된 그림으로만 질문을 하며 의사소통 중에 방어기제를 다룬다.
3. 내담자의 무의식적 억압과 갈등의 패턴을 찾는다. 갈등의 구조를 사회적, 관계적, 정서적, 본능적인 충돌인지를 구별한다.
4. 내담자의 퇴행과 자기수용, 승화, 카타르시스의 분출 과정을 수용할 수 있는가를 검토한다.
5. 내담자의 고착 시기와 두려움의 대상, 억압의 수위를 인지하고 내담자의 주 방어기제를 알도록 한다.

정신분석적 치료의 장점은 그 적용 범위가 넓다는 점과 인생의 초기 경험을 강조하고 있다는 점이다. 또한 무의식적 동기와 기제를 명료화하였다는 점을 장점으로 꼽을 수 있겠다.

그러나 다음과 같은 단점도 인정된다. 먼저, 이론이 애매하여 비과학적이라는 비판을 받고 있다. 해석의 다양성과 남용 가능성도 있다. 또한, 정신분석적 치료는 유아기의 경험을 지나치게 강조하고 있다. 본능을 지나치게 강조하여 사회학적, 문화 인류학적 관점이 약하다고 볼 수도 있다. 치료기간 또한 길고, 성차별적 접근이라는 비판을 받을 수도 있다. 수치화하기 어려우므로 치료가 모호하다는 비판을 받을 수 있다.

아래는 정신분석적 이론을 이해하기 위한 기본 개념을 정리한 것이다.

(1) 정신분석적 이론의 주요 개념

① 결정론

인간은 무의식과 어린 시절의 경험에 의해 외적인 행동이 결정된다. 본능은 프로이드가 인간에 접근하는 핵심 개념이다. '리비도'는 프로이드가 성적 에너지라고 초기에 불렀고 후기에는 삶 전체의 본능적 에너지로 규정하였다. 프로이드는 성적인 충동과 공격적 충동을 인간 행동 결정의 강력한 요인으로 보았다.

② 성격의 구조

정신분석이론에 의하면 성격은 원초아(id), 자아(ego), 초자아(super ego)로 구성된다. 원초아는 생물학적인 구성 요소이며, 자아는 심리적인 구성요소이고, 초자아는 사회적인 구성요소라고 하였다.

원초아(id)	인간의 본능 덩어리가 있는 무의식의 영역이며 추동인 쾌락의 원리에 따라 작동한다(먹는 것, 배설하는 것, 자는 것).
자아(ego)	원초아의 추동의 본능적 욕구들과 외부의 현실 세계와의 관계를 중재하는 역할을 하는 정신 구성 요소로서 현실의 원리에 따라 작동한다.
초 자 아 (super-ego)	성장과정 중 부모의 영향을 받은 도덕기준과 가치관, 양심이 있는 성격의 구성요소이며 수치심과 죄책감을 느끼며 이상을 추구한다. 도덕원리.

<정신분석학적 성격의 발달 과정>

프로이드가 말한 리비도가 어떤 부분에 집중되느냐에 따라 성격이 발달하는 과정을 5단계로 정리했다. 또한, 각 단계에서의 경험에 따라 고착과 퇴행이 나타난다고 한다.

고 착	특정시기에 경험된 과대 충족이나 결핍의 시기에 비의식적으로 집착하는 것이다.
퇴 행	과거의 발달 상태로 되돌아가 유치한 수준으로 되는 것이다. 대부분 고착 단계로 되돌아간다.

구강기 (생후 1년)	성적 에너지가 구강 주위에 집중되는 시기로 빨고 마시고 핥으며 식욕 쾌락의 욕구를 만족시킨다. 만족되지 않으면 탐욕, 욕심이 생기고 과도한 제공은 과도한 의존성과 지나친 낙관주의를 만든다.
항문기 (1~3세)	성적 욕구가 항문에 집중되는 시기이며 배변훈련을 통해 부모의 규칙, 도덕적 규범을 습득한다. 성격형성에 중요한 시기로 독립과 자율성, 규칙, 규범의 개념이 형성된다. 배변훈련의 엄격은 독립성과 자율성이 훼손되고 인색함, 옹고집, 안하무인 성격, 강박성이 형성된다. 배변훈련이 적절하게 제공되면 독립성, 자율성, 쾌락지연 능력이 생긴다.
남근기 (3~6세)	성적 관심이 성기 주위로 집중된다. 무의식적 근친상간의 욕구와 이성부모에 대한 연애적 감정은 동성 부모에 대해 거세 불안을 느끼며 동성 부모를 동일시함으로써 해소시킨다. 부모의 가치, 규범, 도덕적 내면화가 만들어진다. 초자아가 만들어지는 중요한 시기이다. (오이디푸스 콤플렉스, 엘리트라 콤플렉스)
잠복기 (6~12세)	교육시기가 되며 성적 관심을 사회적 관심으로 돌리게 되고 놀이집단, 운동과 같은 외부의 활동으로 대치시킨다. 사회성의 관계 형성이 되는 시기이며 타인과의 관계 형성에 높은 관심을 갖고 본능적 욕구가 억압되며 자아가 분화된다.
생식기 (12세 이후)	남근기의 관심이 다시 발생하게 된다. 사춘기의 시작으로 노인시기까지 지속된다. 타인과의 친밀감, 사랑, 운동, 사회적 활동으로 인정받는 관심을 통해 성적 만족을 처리한다.

③ 무의식과 의식, 전의식

무의식	인간의 심층에 잠재되어 있는 정신의 85%를 차지한다. 넓은 영역의 무의식이 인간에게 더 많은 영향을 주고 있기 때문에 인간을 이해하려는 노력과 과정을 정신분석의 심리치료라고 한다. 의식하는 영역에서 추구하는 쾌락본능과 현실의 적응에서 비롯되는 불안을 처리하기 위해 억압이라는 방법으로 의식의 영역 밖인 무의식의 영역으로 밀어 넣고 자신의 갈등을 처리한다고 본다.
의 식	개인이 각성하고 알아차릴 수 있는 기억과 경험들이 존재하는 곳이다.
전의식	인식하고 있지 못하지만 주의를 기울이면 의식할 수 있는 곳이다.

<분석법>

투사법	투사법은 비구조적 검사 과제를 제시하여 개인적인 욕구, 감정, 동기, 가치관 등의 다양한 반응이 표출될 수 있도록 고안된 비구조적 검사이다. 모호한 자극을 피검사자에게 제시함으로써 개인의 독특한 심리적 특성이 비의도적이고 자기노출의 반응으로 나타난다.
로샤 잉크 반점 검사	스위스의 정신과 의사인 로샤에 의해 고안된 투사법의 하나이다. 잉크 방울을 종이 위에 떨어뜨려 종이를 반으로 접으면 거기에 대칭적인 도형이 생기는데 이 도형의 형태에 대해 피험자 자신의 욕구, 경험, 습관적 반응양식을 투사하게 된다. 이때 피험자가 부여하는 의미를 해석한다.

④ 불안

불안은 원초아, 자아, 초자아의 마찰로 인해 생기며 다음과 같이 세 가지로 구분할 수 있다.

현실적 불안	외부환경에 실제 존재하는 위험에서 오는 불안이다.
신경증적 불안	자아와 원초아의 갈등에서 발생하며 원초아의 욕구를 자아가 통제할 수 없다고 생각할 때 나타나는 불안이다.
도덕적 불안	원초아와 초자아 사이의 갈등에서 오는 불안으로 도덕적 기준에 위배되는 생각과 행동, 양심의 가책같이 사회적 성격을 띠는 불안이다.

정신분석학에서는 인간이 본능적 욕구와 이를 비난하는 초자아 사이의 갈등을 끊임없이 경험하고 있다고 한다. 이러한 갈등으로 인해 불안이 발생한다. 건강한 인간의 자아는 본능적 욕구와 초자아 사이의 갈등을 적절히 중재하고 현실을 참작하여 합리적인 방향으로 욕구를 충족시키게 한다. 이러한 합리적인 욕구 충족으로 인간은 마음의 평화를 얻는다.

⑤ 방어기제

인간은 정신적 갈등을 겪으며, 그 불안에 대처하려는 목적으로 방어기제를 사용한다고 본다. 이 방어기제는 인간 개개인의 발달 수준에 따라 다르고, 방어를 통해 현실을 부정하거나 왜곡시키는 경향을 보인다. 프로이드가 방어기제라는 용어를 처음 사용하였고, 이어 프로이드의 딸 안나 프로이드가 정리, 정착시켰다고 본다. 안나 프로이드 이후에도 연구자에 따라 방어기제의 종류가 증가하였다.

부인형 방어	부인(부정)	의식화되면 감당하기 어려운 고통이나 경험을 있는 그대로 인정하지 않고 무의식적으로 부정한다.
	투 사	사회적으로 인정받을 수 없는 자신의 생각, 행동들을 타인에게 있는 것처럼 생각하고 행동한다.
	합리화	현실에서 실망을 느끼지 않기 위해 상처 입은 자아를 설명하기 위해 그럴듯한 이유를 갖다 붙인다. 실패했을 때 정당화하는 것을 말한다.
신경증형 방어	억압	가장 중요한 방어기제 중 하나이며 위협적이거나 고통스러운 생각, 갈등을 무의식 속으로 억누른다.
	반동형성	불안을 야기하는 무의식적 생각이나 행동들을 반대되는 방향으로 바꿔 의식이나 행동을 한다.
	치환(전치)	자신의 행동들을 덜 위협적인 대상이나 사람에게 행동함으로써 충동을 해소한다.
강박형 방어	격 리 (고립, 분리)	과거의 고통스러운 기억과 연관된 감정을 의식적으로 분리하여 격리시켜서 감정을 느끼지 않고 기억으로만 갖는다.
	취소 행동 (무효화)	인정할 수 없는 생각이나 행동을 한 후, 그것을 무효화함으로써 취소하는 행동을 한다.

적응형 방어	억 제	억압과 유사하나 전의식이나 의식 수준에서 받아들이고 싶지 않은 욕구나 기억들을 왜곡시킨다.
	승 화	가장 바람직한 방어기제이다. 용납되지 않고 실현되지 않는 충동을 사회적으로 용납될 수 있도록 에너지를 변경시켜서 건설적이고 유익하게 표출한다.
기 타	퇴 행	이전의 발달단계로 후퇴하는 현상으로 자신의 불안이나 위협을 해소하려 한다.
	보 상	자신의 성격, 의무, 능력 등에 결함을 메우고자 무의식적으로 노력하여 만족을 얻으려 한다.
	신체화	심리적인 불안이나 스트레스가 신체 부위를 중심으로 표출되어 신체 반응으로 나타난다.

<정신분석의 치료 목표>

무의식을 의식화하여 개인의 불안과 억압된 충동 등을 자각하게 하고 현실을 수용하여 본능의 욕구에 자아가 영향을 받지 않도록 강화시키는 것이다. 의식하기 어려운 두려움이나 불안의 원인이 되는 아동기의 경험이나 과거의 경험을 찾아 자신을 이해하고 통찰하는 탐색을 한다. 저항과 해석하는 과정에서 자신의 문제를 명료하게 인식하고 수용한다.

<치료 기법>

1. 자유연상	정신분석에서 가장 중요한 기법으로 내담자는 소파에 눕고 치료자는 연상의 흐름을 방해하지 않도록 환자의 머리맡에 앉는다. 내담자로 하여금 마음속에 떠오르는 생각이나 느낌들을 의식적으로 검열하지 않고, 그대로 표현하게 함으로써 무의식적으로 어떤 의미가 있었는지를 이해하게 된다. 프로이드는 자유연상을 도와주기 위해 환자에게 눈앞에 펼쳐진 경치를 묘사하듯이 이야기를 하라고 했다. 내담자가 자유연상을 하는 동안 치료자는 판단하거나 강요하지 않는다. 치료자는 이를 실마리 삼아 무의식적 기억들을 재구성한다. 무의식을 의식화시키며 내담자의 통찰을 이끌어 낸다.
2. 해석	내담자의 무의식적인 갈등, 꿈, 자유연상, 저항, 전이와 치료관계에서 나타나는 내담자 행동의 의미를 설명한다. 해석해 줌으로써 내담자가 몰랐던 무의식적 내용을 차츰 의식적으로 이해할 수 있도록 한다.

2. 해석	● 해석을 하는 데 원칙 – 시기가 가장 중요하다. 해석을 견뎌내고 수용할 수 있을 때 한다. – 표면적인 것에서부터 시작하고 내담자가 수용할 수 있는 정도까지 한다.
3. 꿈의 분석	꿈은 무의식으로 통하는 통로이다. 수면 중에는 방어가 허술해져서 억압된 무의식에 접근할 수 있기 때문이다. 꿈에는 방어기제가 약화되어 무의식에 은폐되었던 소망, 욕구, 두려움이 드러나게 되고 이런 꿈을 분석하여 내담자의 문제와 갈등에 대한 의미나 상태 등 통찰을 얻게 한다.
	● 발현몽 : 꿈의 내용 그 자체이다. 숨겨진 의미가 있다. ● 잠재몽 : 의식에서 용납되기 어려운 내용이 변형되었다.
	● 꿈의 자료 – 생활환경 – 낮에 경험한 사건 – 자는 동안의 환경 – 억압된 무의식의 충동과 소망들
4. 저항의 분석	저항이란 변화에 대한 두려움으로 변화보다 현재 상태를 유지하여 무의식적인 내면의 갈등과 억압의 내용이 떠오르지 못하도록 방해하는 반응이다. 치료자는 내담자의 저항을 분석하고 해석할 때 통찰을 얻을 기회를 갖게 된다. 그러므로 저항하며 숨기고자 하는 무의식을 생각이나 태도, 감정 등의 정보를 찾을 수 있어야 한다. 저항은 치료의 관계를 어렵게 할 수 있으나 저항을 통해 상담의 과정이 일부 진전될 수 있다.
5. 전이의 분석	전이란 내담자가 과거에 중요한 타인과 경험했던 감정을 치료자에게 느끼는 왜곡된 반응이다. 내담자는 치료자에게 이전에 억압했던 감정, 신념, 소망 등을 투사하여 재경험하게 된다. 치료자는 이런 전이를 분석하고 해석하여 내담자로 하여금 과거의 영향이 어떻게 작용하고 있는지를 통찰하도록 한다. ● 역전이 : 상담자가 가지고 있었던 무의식적 불안과 갈등이 내담자에게 투사되어 나타난다.

2) 융 학파의 분석적 미술치료

스위스의 심리학자 융(Jung)은 프로이드의 제자로 함께 연구를 협력해 왔다. 융은 제1회 국제정신분석회장을 맡았었지만, 후에는 프로이드와 다른 견해로 인해 결별하였다. 결별 후 나름의 연구를 정립하여 지속적으로 연구하였다. 융의 견해는 프로이드가 성적인 것에 인간의 원천적 에너지를 한정시키려는 것과 구별되게 인간의 원천적 에너지가 전반적인 역사와 사회, 문화적 측면에서 온다고 해석하였다.

융은 인간의 무의식을 프로이드보다 더 심층적으로 연구했다. 융의 연구는 인간의 중년기에 중점을 둔 것으로 그는 인간을 단지 과거의 사건에 의해 만들어지는 것이 아니라(프로이드의 결정론), 끊임없이 발달하고, 성장하여 진보할 수 있다고 주장한다. 그는 인간은 프로이드가 말했던 심리적, 생물학적 힘에 따라 수동적으로 움직이는 것이 아니라 자신의 모든 역량을 성취하고 실현하는 경향이 있다고 말하며, 인생에서 의미를 발견하려는 점을 강조하고 영적 접근을 개발하였다(한국미술치료학회, 1994; 미술치료의 이론과 실제, 대구 : 동아문화사).

융은 인간의 정신세계가 무의식과 의식으로 구성되어 있으며, 무의식은 개인 무의식과 집단 무의식으로 나누어 볼 수 있다고 하였다. 개인무의식이란 각 개인이 살아오면서 억압되었던 것을 뜻하고, 집단 무의식은 인간에게 보편적으로 적용되는 무의식을 뜻한다. 여기서 집단 무의식을 원형(archetypes)이라고 하였다.

융은 자신의 경험을 통해 그림이 주는 치유력을 스스로 체험하였다. 융은 환자가 내면의 심상인 그림을 그리는 행위를 통해 자기 자신을 형상화할 수 있다고 하였다. 그는 무의식으로부터 나온 심상을 그려내는 데 중요한 역할을 했던 적극적 상상화(active imagination) 기법에 대해서 많이 논하고 있다. 융은 적극적 상상을 꿈에서 경험한 원래의 이미지에서 다른 이미지나 생각, 감정을 일어나는 대로 자유롭게 연상하는 방법이라고 말하며, 그러한 환자의 그림은 종합적으로 해석되어야 하며, 그림에 대한 지적, 정서적 이해가 필요하다고 했다. 그리고 그러한 과정을 통해 그림은 의식화에 통합된다고 하였다. 미술치료에 있어서 융의 구상은 주로 무의식의 재료, 근원적인 콤플렉스, 꿈과 일상의 투사과정과 상징화뿐만 아니라, 전이와 역전이를 다루는 심리 치료 전체에 미술치료를 포함하려는 경향이 있다. 그림은 치료적 틀 외에도 자유롭게 자기를 형상화하는 힘이 있으며, 결과적으로 개성화 과정을 장려한다. 따라서 미술치료의 목표는 미술이라는 매체를 통해서 숨겨진 원형과 근원적 상징을 재구성하고, 그를 통해 이해와 성장과 변형을 증진하고자 하는 데 있다.

다음은 융의 이론의 기본이 되는 개념이다.

(1) 융 이론의 기본 개념

① 정신의 구조

개인 무의식	개인이 살아오면서 경험된 것들로 억압, 망각된 사고와 감정이다. 자신의 것이면서 알지 못하는 정신세계.
집단 무의식	개인적인 특성과 관계없이 어느 민족이나 지리적 차이, 문화, 역사와 관계없이 모든 인류에서 발견되는 보편적 내용을 갖는다(불안, 위험, 공포, 대항, 애정, 증오, 이성관계, 친자관계, 출생, 사망 등에 대한 인간의 본성). 공통으로 유전되어 온 원초적인 행동 유형이다. 인간에게 주어진 여러 가지 근원적 원형들에 의해 구성된다. 집단 무의식의 원형은 알 수 없으나 신화, 예술, 꿈, 환상 등을 통해 알아볼 수 있다.

② 원형(페르소나, 음영, 아니마, 아니무스, 자아)

원형이란 개인적 삶에서 겪어 온 억압에서 형성되는 것이 아니라 인간의 보편적이고 집단적이며 선험적인 심상으로서 개인이 태어나기 전에 이미 형성된 것을 말한다. 원형은 아래와 같이 페르소나, 음영, 아니마, 아니무스, 자기로 나타난다.

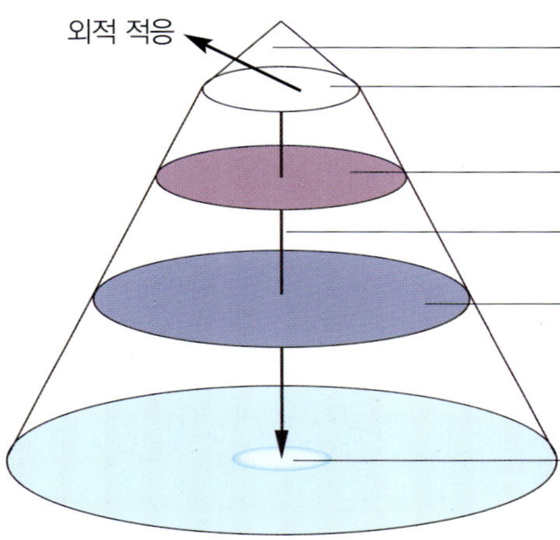

[그림 11] 자기실현-무의식의 의식화 과정

페르소나	외부에 보여주는 이미지를 말하며, 즉 개인이 사회적으로 보이는 공적인 얼굴이다. 진정한 자기 모습과 분리되며 남들에게 좋은 인상을 주거나 자신을 은폐시키는 것이다.
음영(그림자)	우리의 본성에 있는 자신이 용납하기 어려운 특성과 감정들로서 억압되어 있다. 공격성, 잔인성, 사악한 면, 부도덕한 면 등으로 무의식을 드러내는 자료에서 나타나기도 한다.
아니마	남성이 지니는 여성적인 면
아니무스	여성이 지니는 남성적인 면
자기	가장 중요한 원형으로 성격의 모든 요소를 균형 있고, 조화롭게 만들려는 내적 충동이다.

③ 자아의 기능

판단 기능 ('옳다/그르다', '좋다/나쁘다')을 판단하는 것.	사고	논리와 분석의 사고활동을 하며 옳고 그름의 지적 비평을 한다.
	감정	온화함과 인정을 중요시하며 의미로 사물을 평가하는 기능
인식 기능	감각	현실감각과 사실을 있는 그대로 지각하는 기능 실제를 강조하고 정확한 일 처리를 한다.
	직관	사물에 내재해 있는 맥락이나 내적 의미를 꿰뚫어 지각하는 기능 미래의 가능성을 보며 신속한 일 처리를 한다.
주 기능	위의 네 가지 기능 중 선호하거나 우세한 것이 있는데 이런 기능을 주 기능이라고 한다. 어떤 기능을 좋아하고 주로 사용하는가에 따라 각각 사고형, 감정형, 감각형, 직관형이라고 부른다. 사고와 감정은, 감각과 직관의 대극 관계이다.	

④ 내향성과 외향성

인간의 사고가 객관적 사실이나 보편적 개념으로 향하여 판단되는 것을 외향적 사고라고 한다. 이와는 대비되게 주관적이고 자기 내부적인 방향으로 향할 때 내향적 사고라고 하였다.

(2) 융 심리학과 만다라

① 만다라의 의미와 치료 효과

'만다라'는 불교, 특히 밀교계의 불교에서 승려들의 수도 도구로 쓰이던 그림이다. 이 그림은 원과 사각을 기본으로 구성되어 있고 그 중앙에 최고의 원리를 상징하는 상이 도시되어 있다. '만다라'라는 말은 산스크리트어로 원륜(圓輪) 또는 마법의 원이라는 말이라고 한다(이부영, 제3판 분석 심리학-C. G. 융의 인간심성론, 일조각, 2011).

자신의 자서전에서 융은 1916년 처음으로 '만다라'의 그림을 그렸고, 그것이 무슨 뜻인지 몰랐다고 한다. 1918년에서 1919년 사이 제1차 세계대전 중 그는 군의관으로 있었는데, 매일 아침 수첩에 작은 원을 그렸다. 그것은 그의 마음의 상황을 표현해주었는데, 그가 편견에 사로잡혀 마음이 편하지 않을 때 원은 찌그러지고 변하였다고 한다. 융은 이후 이 원이 어떠한 핵심적 의미를 나타낸다고 느꼈다. 융은 다음과 같이 술회하였다.

그것은 마치 나에게는 내가 그것인, 그리고 나의 세계가 또한 그것인 단자(單子), Monade처럼 보였다. '만다라'는 이 단자를 표현하며 '마음' 또는 '심혼(seele)'의 소우주적 성질에 해당된다. …내가 만다라를 그리기 시작했을 때 나는 비로소 내가 걸어간 길, 그 모든 발자취, 내가 행한 모든 것이 다시금 하나의 점, 즉 중앙에 귀착함을 보았다. 만다라가 중심이라는 것이 더욱더 분명해졌다. 그것은 모든 길의 표현이다. 그것은 중앙으로 향하는 길, 즉 개성화에의 길이다(이부영, 위의 책).

융이 경험에서 깨달았듯이, 만다라는 중심과 본질을 얻는 것이다. 또한 참된 자기를 얻기 위해 마음을 다스리는 것을 의미한다고 하겠다.

심리학의 역사에서 볼 때, 융은 20세기 초기에 서구 문화에서 최초로 만다라가 지니는 우주적, 영적 의미를 발견하였다. 그는 만다라가 인간 정신에 주는 의미를 탐구하여 인간의 근원적인 사고세계를 열어준다는 연구를 남겼다. 융은 만다라를 단순히 이론적, 객관적으로 연구한 것만이 아니라, 자신이 직접 만다라를 그리는, 소위 생생한 자기체험을 통하여 만다라가 주는 치료적 의미를 정착시킨 것이다.

융은 동양의 종교적인 영향을 전혀 받지 않고 만다라에 대해서 전혀 알지 못하는 서

양인에게도 무의식적으로 만다라 그림이 그려지며, 특히 불행하거나 내적 평형을 잃은 상황에서 이러한 만다라 형상이 꿈이나 그림으로 나타난다는 것을 발견하였다. 이처럼 무의식적으로 만다라를 그리는 현상은 인간에게 내적 기쁨, 내적 질서, 생명의 의미를 되찾아 주게 된다. 융에 의하면 만다라 그림들은 각 개인의 집단 무의식에 잠들어 있는 원형(Archetype)을 깨워주고 활기 있게 해 주는 열쇠이다(Murty, 정여주, 만다라와 미술치료, 학지사, 2001, 재인용).

만다라는 원의 형상으로 나타나는데, 인간의 원형으로 표현되는 원의 형상은 이미 어린 아이의 활동에서 볼 수 있다. 어린 아이들이 반복하여 그리는 이러한 원은 이미 수천 년 전에 선조들이 동굴이나 바위 등에 그렸던 것과 동일한 형태이다. 무르티(Murty)는, 어린이들이 그리는 이러한 원 형태의 만다라는 인간이 자기 정체성을 발견하기 위한 길을 찾는 무의식적 행위로 해석하였다. 어린이뿐만 아니라 모든 인간이 무심코 만다라 형태를 그리는 것은 자신의 무의식에 있는 내용을 의식화하고, 자기 치유력과 내적 조화를 얻기 위한 출발점이 된다.

이렇게 무심코 그려지는 만다라 형태는 내적 갈등과 삶의 위기에 처한 인간에게 내면의 질서와 조화를 발견하게 한다. 즉, 만다라를 통하여 자신의 무의식과 의식 간의 균형을 회복하는 것이다(정여주, 만다라와 미술치료, 학지사, 2001).

② 만다라의 상징

만다라에는 기본 형태인 원 안에 꽃, 태양, 동물, 식물, 동심원, 소용돌이 등 인간 세계를 이루는 모든 존재와 현상들이 다 포함될 수 있다. 따라서 만다라는 소우주이자 대우주라고 일컬어져 왔다.

미술치료에서 만다라는 그 형태뿐만 아니라, 만다라를 어떤 색깔로 색칠하느냐가 중요하게 여겨진다. 내담자의 색 선택과 칠해지는 양상은 당시의 심리와 감정 상태를 알게 해 주고 그 해결을 위한 노력을 알게 한다.

만다라에서 사용되는 색들은 다음과 같이 해석되기도 한다.

<table>
<tr><th>색 상</th><th colspan="2">해 석 양 상</th></tr>
<tr><td>빨강</td><td colspan="2">만다라에서 빨강이 너무 많으면 심리적, 정신적 상태에 의심을 해 보아야 하며, 빨강이 너무 적으면 심한 수동성과 자기주장을 위한 의지력 결핍으로 볼 수 있다.</td></tr>
<tr><td>파랑</td><td colspan="2">만다라에서 파랑을 많이 적용하는 것은 마음의 어두운 면, 상실, 슬픔, 혼란 등을 보이고자 하는 것일 수 있다. 여기서는 이러한 색으로 상처를 딛고 이겨내어, 앞으로 나아갈 수 있는 지혜와 자기 발전이 있는 성숙의 과정을 나타낼 수 있다.</td></tr>
<tr><td>남색</td><td colspan="2">남색이 많은 만다라는 어머니와의 부정적 관계에 관련하여, 마음속 깊이 자리 잡고 있는 불안과 갈등을 나타낸다. 내면의 어둠, 무의식, 수면과 죽음에 대한 은유적 색채를 나타낸다.</td></tr>
<tr><td rowspan="4">노랑</td><td>사람이 그려진 만다라에 있는 노란색</td><td>자신의 삶을 새롭게 만들며, 자신의 힘으로 자기의 인생을 결정한다는 의지, 새로운 방향 설정, 새로운 것으로의 탐색, 발전에 대한 욕구</td></tr>
<tr><td>노랑이 만다라에 항상 우세하게 나타나는 경우</td><td>갈등을 극복하는 시기, 내면화된 아버지의 영향에서부터 자유로워짐(여성의 경우에는 이 단계에 만족감과 의기소침한 상태를 넘나드는 정서적 동요가 심하게 나타날 수 있다.)</td></tr>
<tr><td>강렬한 노란색에 음양의 대비가 강한 만다라인 경우</td><td>의식과 무의식의 싸움을 나타낼 수도 있다.</td></tr>
<tr><td colspan="2">건강한 자존감, 새로운 것에 대한 개방성, 개인적 발전이 보이는 균형 잡힌 인성을 나타낸다.</td></tr>
<tr><td rowspan="5">녹색</td><td colspan="2">만다라에서 녹색은 보호해 주고 보살펴 주는 강한 능력, 자연과의 밀접한 관계나 그에 대한 동경, 내면에 대한 치유의 힘과 창의적 힘을 드러낸다.
만다라에서 녹색은 무엇보다 정서적 영역이 주제가 되거나 감정과 정서를 받아들이고 즐기는 길을 찾고자 하는 동경을 나타낸다.</td></tr>
<tr><td>녹색(파랑과 노랑이 고르게 섞인 녹색)</td><td>긍정적이고 조화로운 자기 발전</td></tr>
<tr><td>전나무색</td><td>안정된 자신감과 자존감의 표현</td></tr>
<tr><td>검은 전나무색</td><td>죽음, 위험, 부패의 위협을 경고</td></tr>
<tr><td>황록색</td><td>독, 고름을 의미하며 전이적 의미로서 자제력이 없는 열정과 욕심</td></tr>
<tr><td>주황</td><td colspan="2">만다라에 나타나는 주황은 자의식과 자기 회의를 동시에 표현하는 양면성을 지니고 있다. 방심과 부주의한 성향이나 에너지가 넘치는 목적 지향성과 공명심을 나타낼 수 있다.</td></tr>
</table>

색 상	해 석 양 상
분홍	매우 섬세한 감정과 강한 보호욕구를 나타낸다. 적대적인 주변 환경의 공격에 대한 불안 충동을 나타낼 수 있기 때문에, 만다라의 분홍색은 병을 감추고 있거나 스트레스를 받는 신경증세를 의미할 수 있다.
보라	강한 정서와 상승하는 창의력과 생산적인 판타지를 나타낼 수 있다. 만다라에 보라색이 우세하면 내적으로 긴장하고 있으며, 특히 성(性) 역할과 사회적 위치에서 갖게 되는 긴장과 관계가 깊다.
터키 색	만다라에서 터키 색은 남모르는 심각한 위기를 겪고 있을 때 직면한 문제를 극복하기 위한 수단으로 사용된다. 터키 색은 상처와 아픔에 대한 의식화를 두려워하는 위기의 과정에서 자기 치유의 역할을 한다.
흰색	흰색은 자주 은색으로 사용되기도 한다. 만다라에 흰색이 우세하면 한 편으로는 심오한 영적 풍요를 나타내며, 다른 한 편으로는 강한 심리적 압박을 증명한다. 다시 말해 흰색은 내적인 명료성, 영성과 민감성으로의 새로운 단계에 이르렀으며, 동시에 마음 깊숙이 감추고 있는 감정과 열정을 나타낸다.
검정	만다라에서 검은색은 죽음과 상실과 슬픔과 대결하는 것이라고 할 수 있다. 그것은 우울함과 무의식을 강하게 다루고 있거나 자신 안에 부정적인 인성을 통합하고자 하는 상태를 암시할 수 있다. 검은색으로 다른 색들을 강조하거나 상대화할 수도 있다.
회색	긍정적으로는 참회와 지혜, 부정적으로는 우울, 무기력, 억제를 나타낸다.
갈색	자신감 부족이나 보호와 안정에 대한 욕구로 추측할 수 있다. 다른 한 편으로는 대지와의 결속, 모성, 다산, 힘든 인생 여정의 종말을 상징할 수 있다.

(출처 : 정여주, 만다라와 미술치료, 학지사, 2001)

3) 인간 중심 미술치료

인간 중심 치료 이론은 칼 로저스에 의해 치료자 중심에서 내담자 중심의 시각으로 전환하는 치료기법이 되었다. 이는 프로이드의 치료자 입장과 과거의 영향에 초점을 맞추는 것에 비해 내담자들이 현재를 중요시하며 미래지향적 욕구가 있다고 보았기 때문이다. 인간은 믿을 만한 존재이며 자아실현의 욕구와 능력을 가지고 있으며 상호작용하려는 욕구가 있다고 보고 있다. 그들에게 무조건적인 존중과 배려, 공감적인 이해 등을 통한 인간 중심 접근은 조건 없는 관심과 수용을 통해 충분히 기능을 하는 사람으로 발달해 나아갈 수 있도록 한다는 것이다. 결국, 인간 중심 미술치료는 미술이라는 매체를 통하여 자신 스스로 자아실현을 할 수 있다는 믿음의 철학을 내포하고 있다.

<로저스의 인간에 대한 이해>

- 인도주의적으로 인간을 긍정적인 안목으로 보고 있다.
- 과거에 초점을 두기보다 발전 가능한 현재와 미래에 관심을 둔다.
- 인간은 자기 자신에 대해 책임을 지고 스스로 선택한 것에 대해 존중받아야 한다.
- 인간은 모두 신뢰를 받아야 한다.
- 인간은 동등하며 스스로 결정할 수 있는 자기 결정권을 인정받아야 한다.
- 인간은 지시적으로 요구할 때보다 자율적인 결정의 경험으로 자아실현의 경향성을 이룰 수 있다.

<인간 중심 치료의 치료 목표>

사람들을 실존적 존재로서 자율적인 잠재력이 있다고 보며 궁극적 목표는 충분히 기능을 하는 사람이 될 수 있도록 돕는 것이다. 그러기 위해서는 자아개념과 경험의 불일치 부적응에서 자신의 가능성을 발견할 수 있도록 도와야 한다. 이미 조건화된 자아의 왜곡된 개념은 자신과 타인 간의 반복적 학습에 의한 결과이다. 그렇기 때문에 외부의 판단과 기대의 조건에 대한 자아의 두려움이 크다. 이때 방어적 행동을 감소시키고 수용하며 개방시킬 수 있도록 돕는다. 이는 자신의 삶을 좀 더 책임지는 선택을 할 수 있는 사람이 되도록 하는 것이다.

<치료자의 기능과 역할>

진실성과 일치성	일치성이란 상담의 장면에서 매 순간 일어나는 감정이나 태도를 솔직하게 인정하고, 내담자와의 관계에 현재 느끼고 자각하는 것을 진솔하고 개방적으로 보이는 태도이다. 이는 긍정적 감정뿐 아니라 부정적 감정까지도 표현하고 수용할 수 있는 힘이다. 진실성을 가진 만남을 통해 내담자의 지금 여기의 생각과 감정을 수용해 줄 수 있고, 내담자는 자신이 있는 그대로 수용되는 경험을 하게 된다. 이런 과정은 진실한 만남의 모델을 경험하게 되어 자신을 솔직하게 보고 표현할 수 있는 경험을 하게 된다. 진실성과 일치성은 판단이나 충고가 아닌, 있는 그대로의 표현이고 감정적이거나 충동적이 아닌 자신의 지금 감정을 탐색할 기회를 갖는 것이다.
무조건적 긍정적 존중	내담자를 하나의 인격체로서 인정하는 것으로 내담자를 조건으로 관계하는 것이 아니라 있는 그대로를 깊고 진실하게 돌보는 것이다. 내담자의 감정이나 생각, 행위의 좋고 나쁨의 어떤 판단이나 평가를 하지 않고 그대로 수용한다는 점에서 무조건적이다. 이런 수용적인 관계가 형성되면 내담자는 자신의 감정이나 경험을 자유롭게 표현하며 상담자와 깊은 관계를 형성하여 공유의 만남을 하게 된다. 내담자는 환경으로부터 조건에 의해 형성된 자기개념과 '여기와 지금'의 불일치로 심리적인 문제를 갖게 되는데, 치료자의 무조건적 수용은 '완전 기능하는 사람'의 자아실현 경향으로 진보할 수 있도록 돕게 된다. 치료자의 돌봄이 비소유적이어야 한다는 것도 중요하다. 치료자 자신의 욕구(인정과 사랑)에 의한 과정이 된다면 내담자의 긍정적인 변화는 기대할 수 없다.
공감적 이해	공감은 치료과정을 함께하는 치료자가 자신의 입장을 취하면서도 내담자가 가지고 있는 개인적 정서와 감정의 의미의 세계를 마치 자신의 것처럼 경험하고 이해하고 함께 느끼고 있음을 너담자에게 전달하는 것이다. 치료자가 자신의 정체감을 잃지 않고 내담자가 현재 보고 느끼는 주관적인 세계를 파악할 때 내담자의 건설적인 변화가 가능하다. 일반적으로 사람들은 자신이 경험한 것들을 이해해주는 사람은 없을 것이라는 고립감에 혼자 문제에 빠지게 되는데 치료자의 공감적 이해는 자신만의 비밀스런 내용을 터놓게 되고 주관적으로 지각했던 경험들이 또 다른 지각의 경험을 할 수 있게 되는 계기가 된다. 즉, 자기개념을 확장할 수 있는 토대가 된다. 공감적 이해는 내담자의 고통이나 감정을 상대와 더불어 느끼는 것으로 인간을 보는 관점과 태도의 변화를 우선으로 할 때 가능하다.

<인간 중심 미술치료 기법>

로저스는 어떤 기능을 수행하는가를 강조하기보다는 치료자가 어떤 존재인가에 초점을 두었다. 치료자는 인간으로서 내담자에게 다가가야 하며, 자신의 솔직한 태도 자체가 바로 촉진적 상담관계를 만들 수 있다.

그 외의 기법으로 적극적 경청과 감정의 수용과 반영을 활용한다.

1. 적극적 경청	내담자의 이야기를 비판이나 판단 없이 그대로 수용하고, 내담자의 감정을 진심으로 이해하려고 노력하는 태도를 가지고 적극적으로 대화의 진행과정에 참여하는 것을 말한다. 귀뿐만 아니라 눈으로도, 사고력뿐만 아니라 직감으로도 듣게 된다. 여기서 듣는다는 것은 내담자가 하는 말뿐만 아니라 비음성 언어로 표현되는 것도 포함된다.
2. 수용	진실로 상대방의 마음과 감정을 이해하고 공감하고 받아들이는 것이다. 어떤 도덕, 가치, 관습에 구애됨이 없이, 좋은 일이든 나쁜 일이든 거기에 내담자가 느끼는 분노, 수치, 자랑, 애정 등의 감정을 이해하고 받아들이는 것이다. 수용은 찬성을 의미하는 것이 아니다. 부정적인 감정이나 긍정적인 감정이나 모두 수용하는 데서 내담자는 자기 이해의 기회가 되며 성장을 향해 전진할 수 있게 되는 것이다. 긍정이든 부정이든 그 모두가 자신의 감정세계의 부분이라는 것을 자각할 때 진실한 자기 이해의 토대가 마련되며 통찰(insight)이 자연스럽게 이루어진다.
3. 관심 기울이기	유능한 치료자는 내담자의 음성적, 비음성적, 언어에 의한 메시지를 주의 깊게 듣고 알아차리는 능력을 선천적 혹은 후천적으로 연습과 훈련에 의해서 습득한 사람들이다. 치료자는 민감해야 하며 주의집중을 통하여 내담자와 온전하게 함께하여야 한다. 따라서 치료자는 물리적으로(앉는 자세, 눈의 위치 등), 심리적으로 주의 집중하여야 한다.
4. 반영	내담자가 표현한 감정과 태도를 다른 말로 표현해 주는 것이다. 내담자는 자신이 말했던 것을 치료자를 통해 다시 듣게 되면 자신이 이해받고 있다고 생각하게 된다.
5. 명료화	내담자의 상황을 이해하려고 하는 치료자의 바람을 나타내는 반응 기술이다. 치료자는 내담자가 말한 것을 새로운 말을 사용하여 혼란스러운 상황을 단순화시켜 내담자에게 이해시키는 것이다.

6. 직면	내담자가 이전에 말한 내용과 모순되게 말하거나 내담자가 말한 것과 상반된 행동을 할 때, 또는 치료자의 개인적 경험으로 보았을 때 내담자가 거짓으로 말한다고 생각할 때 그것을 지적하는 시도다.
7. 자기 개방	내담자가 자신을 더욱 잘 이해하도록 치료자도 내담자와 비슷하게 느꼈던 감정, 경험, 생각을 나누는 반응기술이다. 이때 치료자의 자기 노출은 내담자의 문제와 직접 관련되어야 하며 치료관계를 향상시키는 것이어야 한다.

<인간 중심 미술치료의 세 가지 가정>

1. 인본주의 치료자는 내담자를 정신적으로 병든 것으로 보지 않고 심리적으로 혹은 환경에서 오는 갈등을 대처하고자 하는 노력의 와중에 어떤 특정한 어려움을 만난 것으로 본다. 치료는 살고자 하는 의지를 강화시켜 주고 가능한 한 창조적인 삶의 방식에서 정체성과 의미를 찾는 능력을 발달시키도록 하는 것이라야 한다.
2. 삶의 방식에 성공적으로 대처하지 못하는 것이나 자기실현, 의미, 정체성을 이루는 길을 발견하지 못하는 것은 사람들의 삶에 영향을 줄 수 있는 보편적인 현상이다. 인본주의적 접근의 핵심은 삶이 계속되는 성장과 변화, 발전에 대한 끊임없는 과정이라는 가정이다. 그러므로 미술치료자는 내담자로 하여금 다양한 정체성의 위기를 창조적이고 표현적인 삶의 방식 안으로 통합하도록 돕고, 변화를 더 경험하도록 도와준다.
3. 자신의 자기실현 욕구를 전체적으로 사회와 조화되도록 의식적으로 노력하여야 한다. 즉 생활 문제해결을 강조하고 창조적 표현을 통해 자기실현을 고무시키며, 자기실현과 대인관계에서의 친밀성과 신뢰, 자기초월식 삶의 목표 추구를 관련시키는 것이다.

<인간 중심 미술치료의 과정>

내담자의 능동적 참여	내담자가 스스로 결정하고 선택할 수 있도록 기회를 제공해야 한다. 능동적인 참여는 치료 관계에서 중요하다. 주제나 매체의 선택을 자유롭게 하여 자신을 표현하도록 한다.
대화와 비언어적 메시지를 통한 해석	작품에 대한 상징과 해석은 내담자 스스로가 자신의 그림에 대한 이야기 반응과 해석의 과정을 중요시한다. 또한 언어적인 반응뿐 아니라 재료의 선택, 작업과정 중의 태도(적극성, 회피성, 망설임, 강렬함, 표정) 등과 같은 비언어적인 메시지에도 세심한 관찰과 해석을 포함해야 한다.

내담자의 작업 존중	내담자와 함께하는 미술작업의 과정은 서로 상호작용을 치료 장면에서 재경험할 기회를 얻게 되는 것이다. 진실성과 무조건적인 존중, 그리고 공감적 이해의 경험을 통해 존중받는 경험을 할 수 있도록 한다. 그러므로 치료자는 내담자의 미술작업을 지지하고 그 작품을 소중하게 존중하는 태도를 통해 자존감을 상승시킨다.

인간 중심 미술치료는 미술을 통해 인간성 안에 존재하는 창조성에 관심을 키운다. 인간의 잠재력을 일깨우고 창조성을 발전시켜 자아실현으로 나아가게 하는 것이다.

4) 게슈탈트 미술치료

1940년대 프리츠 펄스(Fritz Perls)에 의해 개발된 게슈탈트 치료는 정신분석적 접근에 반대하여 전체(field)의 관점에서 신체적 기능과 정신적 기능을 통합적으로 이해하려는 시도이다. 즉, 치료의 목적은 분석이 아니라 자아통합이다. 게슈탈트(gestalt)란 전체, 형상, 형태, 모습 등의 뜻을 지닌 독일어로, 개체는 대상을 지각할 때 그것들을 산만한 부분들의 집합이 아닌 하나의 의미 있는 전체, 즉 '게슈탈트'로 만들어지고 지각한다고 말한다(최외선 외, 2006, 마음을 나누는 미술치료, 학지사).

게슈탈트 미술치료는 게슈탈트 심리학과 치료를 결합시킨 것이다. 독일의 정신과 의사 프리츠 펄스가 이 이론을 창안하였고, '알아차림'에 관한 이론을 정립하였다. 1960년대에는 정신분석이 전 시대에 비해 퇴조하였고, 유럽의 실존주의 사조가 들어왔다. 이 시기에 게슈탈트 심리학과 치료가 인정받기 시작했다. 게슈탈트 치료는 정신분석 치료이론과 실존주의, 동양의 도가(道家)와 선(禪)사상 등의 영향을 받았다. 게슈탈트 치료는 이 시기에 활발히 진행되며 인본주의 심리학 흐름의 선두가 되었다. 게슈탈트 치료는 1960년대에 시작되어 1970년대에는 구미에서 가장 인기 있는 치료법 중 하나가 되었다. 게슈탈트 미술치료는 내담자가 현재 느끼고 경험하는 것을 자기 스스로 어떻게 방해하고 있는가를 자각할 수 있게 돕는 것을 목적으로 한다. 다음은 게슈탈트 이론의 주요 이론과 개념이다.

<게슈탈트 이론의 주요 이론과 개념>

1. 게슈탈트	게슈탈트(Gastalt)라는 용어는 '전체', '형태', '모습' 등의 뜻을 가진 독일어이다. 게슈탈트 이론에서 '전체는 부분의 합 그 이상이다.'라고 여겨진다. 즉, 부분들의 '관계성'을 중시하는 개념이다. 개체는 어떤 자극에 노출되면 그것들을 각각의 부분들로 보지 않고 하나의 의미 있는 전체 혹은 형태 즉, 게슈탈트로 만들어 지각하는 경향이 있다고 한다. 예를 들면, 학생이 수학 문제를 풀고 있는 것을 보고 어머니는 "지금 공부하고 있구나!"라고 생각할 수 있다. 그런데, 학생이 영어책을 읽고 있어도 어머니는 학생이 공부하고 있다고 생각한다. 즉, 수학 문제를 푸는 것이나 영어책을 읽는다는 행동을 분리하지 않고 하나의 의미 있는 전체인 게슈탈트로 인식하는 것이다. 이렇게 사람이 누군가를 보고 싶어 하는 것, 편안히 쉬며 차를 마시고 싶은 것, 다른 사람들과 함께하는 데서 즐거움을 느끼는 것 등 많은 행동이 바로 '게슈탈트'를 형성하는 것으로 설명된다. 인간이 게슈탈트를 형성하는 이유는 자신의 욕구나 감정을 하나의 유의미한 행동으로 만들어서 실행하고 완결짓고 싶어하기 때문이다. 즉, 이들을 환경과의 접촉을 통해 해소하기 위해서이다. 만일 개체가 게슈탈트 형성에 실패하면 심리적, 신체적 장애를 겪게 된다. 그러므로 건강한 삶이란 분명하고 강한 게슈탈트를 형성할 수 있는 능력과 같다고 하겠다.
2. 전경과 배경	사람들은 어떠한 대상을 인식할 때 자신에게 관심이 있는 부분을 중심으로 떠올리고, 나머지는 주변부로 보낸다. 예를 들어 사랑하는 사람과 만나는 곳에서 사랑하는 사람을 중심으로 그 외의 사람이나 물체는 배경으로 보내게 된다. 우리는 대상을 인식할 때 우리에게 관심 있는 부분은 중심 부분으로 떠올리지만 나머지는 배경으로 보낸다. 이때 사랑하는 사람, 관심의 초점을 '전경'이라고 하고, 나머지 관심을 받지 못하는 것들을 '배경'이라고 한다. 건강한 개체는 항상 자신에게 중요한 게슈탈트를 선명하게 형성하여 전경으로 떠올릴 수 있고, 건강하지 못한 개체는 이러한 전경과 배경을 명확히 구분하지 못하는 상태에 있다. 따라서 자신이 현재 진정으로 하고 싶은 일이 무엇인지 잘 인식하지 못하므로 행동의 목표가 불분명하고 우유부단하여 심리적 혼란을 겪는다. 일단 전경에 떠올랐던 게슈탈트가 해소되면 그것은 전경에서 물러나고 배경으로 사라지고 다시 새로운 게슈탈트가 형성되어 전경으로 떠오르는 것을 반복한다.

3. 미해결 과제	게슈탈트 형성을 하지 못하였거나, 전경에 떠오른 게슈탈트가 해결되지 못하면 배경으로도 사라지지 못한다. 그렇다고 전경으로 다시 떠오르지 못하고 중간층에 남아 있다가 해소를 하기 위해 계속 전경으로 떠오르므로 다른 게슈탈트가 선명하게 떠오르는 것을 방해한다(불안, 분노, 적개심, 고통, 슬픔, 죄책감 등의 감정). 예) 한 사람이 어릴 적 부모의 사랑을 받지 못하고 자랐을 경우, 유아기의 애정 욕구가 충족되지 못해 성인이 되어서도 누군가가 자신을 사랑해 주기만을 바라고 대인관계를 성숙시키지 못하게 된다. 여기서 유아기의 충족되지 못한 애정 욕구가 미해결 과제가 된다. 미해결 과제가 많아질수록 개체는 자신의 유기체 욕구를 효과적으로 해소하는 데 실패하게 되므로 마침내 신체적, 심리적 문제를 경험하게 된다. 그래서 미해결 과제를 완결짓는 일을 매우 중요한 목표로 생각하는데, 단지 그것을 회피하지 않고 알아차리기만 하면 치료가 된다는 것이다.
4. 지금과 여기	현재의 순간을 충분히 이해하고 경험한다는 것을 강조하는데, 미해결 과제를 해결할 수 있는 방법은 지금 여기를 알아차리는 것이다.
5. 알아차림과 접촉	알아차림은 현재 순간에 자신의 중요한 내적 현상이나 행동, 주변환경, 자신이 처한 상황을 지각하는 것이다. 또한 자기 행동의 주체가 자신이라는 것을 깨닫는 것도 알아차림에 해당한다. 즉, 현재 자신의 전경을 지각하여 게슈탈트를 형성하고 그것을 전경으로 보내는 것을 말한다. 그러므로 게슈탈트 치료에서 알아차림은 그 자체가 치료적이라고 할 수 있다. 바람직한 알아차림은 성장과 변화를 가져다주며, 자신의 두려움을 탐색하고 그 대안을 검토하게 도와준다. 이렇게 자신의 행동 패턴을 알아차리게 되면, 자신의 반응과 행동에 대한 선택이 가능해지는 것이다. 접촉은 전경으로 떠오른 게슈탈트를 해소하기 위해 상호작용하는 것을 말하는데, 알아차림과 더불어 개체의 유기체적 순환과정을 이끄는 두 축이 된다. 알아차림이 게슈탈트를 형성하는 행위라면, 접촉은 행동을 통하여 게슈탈트를 완결하는 행위이다. 접촉은 관계성을 형성하기 위한 사전 단계에 해당한다. '알아차림 → 접촉 → 관계성 형성'으로 나아간다. 그런데, 게슈탈트를 형성하지 못하도록 방해하는 차단 행위가 발생하는데 이를 '접촉경계혼란'이라고 한다. 접촉경계혼란으로 인해 완결되지 못한 게슈탈트는 미해결 과제로 남고, 성장에 장애를 가져온다. 접촉경계혼란이 일어나게 되는 원인은 내사, 투사, 융합, 반전, 자의식, 편향, 둔감화 등이 있다. (한국게슈탈트포럼 자료 참조)

<정신병리 이론>

접촉경계가 일어나게 된 원인을 다음과 같이 규정하였다.

1. 내 사	권위 있는 사람의 행동이나 가치관에 대한 무비판적인 수용만 할 뿐 자신의 욕구를 반영하는 사고를 하지 못할 경우에 나타난다. 내사는 개체의 행동이나 사고방식에 나쁜 영향을 미치는 타인의 행동이나 가치관을 일컫는다. 내사를 많이 하는 개체는 자신의 진정한 욕구에 대해서는 무관심한 채 다른 사람의 기대에 맞춰서 살아가는 데 익숙해진다. 그들은 겉으로 보기에는 모범생으로 보이지만, 스스로는 창의적이고 독립적인 삶을 살기를 두려워한다. 또한, 깊이 있는 대인 관계를 맺기 어려워진다. 〈내사를 해결하는 접근법〉 ● 진정한 자신에 대해 들여다보고 어떤 점이 내사된 부분인지를 구분하도록 한다. 많은 내담자가 엄격하고 도덕적인 부모를 통해 내사한다. ● 책임감을 주는 단어들을 사용한다(언어자각). "내가 ~할 수 없다."를 "나는 ~하지 않겠다."로 "나는 ~해야 한다."를 "나는 ~하기를 선택했다."로 "나는 ~가 필요하다."를 "나는 ~을 바란다."로 바꾸어 표현하도록 한다.
2. 투 사	자기의 생각이나 욕구나 감정을 다른 사람의 것으로 지각하는 현상을 투사라고 한다. 자신이 타인에 대해 애정 혹은 적대감을 가지고 있으면서 반대로 타인이 자신에게 그런 감정을 가지고 있다고 생각한다. 이런 현상은 개체가 자신의 욕구나 감정을 자각하고 그것에 접촉하는 것을 두려워하여 타인에게 책임을 돌리려는 성향에서 비롯된다. 그 두려움은 접촉을 했을 때 거절되어 욕구가 좌절되는 고통을 당할까 봐 발생한다. 투사는 내사와 관계가 깊다. 즉 투사는 내사에 의해 영향을 받는다고 본다. 어떠한 행동을 하고 싶은 충동을 느끼지만, 자신의 내사된 가치관 때문에 감정을 억압하게 된다. 이때 다른 사람이 그 행동을 하는 것을 보면 지금까지 억압해 온 자신의 충동이 통제를 벗어나려 하는 것으로 느껴지므로 민감한 반응을 보이게 되는 것이다. 이것은 자신의 심리를 근거로 타인을 이해하기 때문에 나타난다. 〈투사를 해결하는 접근법〉〉 자신이 지각하고 있는 것과 반대로 행동하도록 한다. 예를 들어 내담자가 특정한 사람이 자기를 미워한다고 생각하면, 반대로 내담자 자신이 그 사람을 미워한다고 말하게 시킨다. 이런 방식으로 자신의 증오감정과 접촉하도록 해서, 미워하는 이유를 구체적으로 언어화하도록 한다.

3. 융 합	두 사람이 밀접한 관계에 있을 때, 서로 차이가 없다고 느끼고 이것에 합의함에 따라 발생하는 접촉 경계 혼란이 융합이다. 자신이 행복하다고 생각하면 상대방도 행복하다고 생각하는 것이다. 이러한 행동은 표면적으로는 서로 배려해주고 보살펴주는 것으로 보이지만, 내면적으로는 독립적이지 못하고 의존적이 될 가능성이 높다. 밀접한 관계에 있는 두 사람이 서로 간에 차이점이 없다고 느끼도록 합의함으로써 발생하는 '접촉경계혼란'이라고 말하였다. 갑이 행복(불행)하다고 느끼면 을도 행복(불행)하다고 느끼는 마치 일심동체의 관계와 같은 것이다. 융합은 경계선 성격장애 환자들에게 많이 나타난다. 이들의 성장과정을 살펴보면 부모와의 관계가 지나치게 밀착되어 있어 분리되지 못한다. 따라서 자신의 욕구나 자신의 정체성에 대해 명확히 인식하지 못하는 경우가 있다. 〈융합을 해결하는 접근법〉 융합을 문제로 갖는 내담자는 의존적이며 자신감과 자아 정체성이 약하여 누군가에게 의존하게 된다. 이때 의존하고자 하는 사람은 주로 부모인 경우가 많고, 부모와 자식 간에 명확한 경계를 그어 행동하고 판단하도록 권장해야 한다. 이를 통해 자기 자신의 욕구를 자각하고 스스로의 행동에 책임을 지도록 하여 자신감을 회복할 수 있도록 지지해 주어야 한다. 집단치료 시에는 다른 사람과 자신의 비교를 통해 스스로의 정체성을 인식하도록 돕는다.
4. 반 전	다른 사람이 자신에게 해 주었으면 하고 원하는 행동을 자기 스스로에게 하는 것을 반전이라고 한다. 다른 사람에게 화내고 싶은데 자기 스스로에게 화를 내고, 다른 사람으로부터 위로받고 싶은데 스스로를 위로하기도 한다. 반전을 경험하는 내담자는 자라온 환경이 억압적인 경우이거나 비우호적인 환경인 경우가 많다고 하겠다. 예를 들어 어린 시절, 양육자가 냉정하게 대했거나, 원하는 것이 있어 울어도 들어주거나 안아주지 않는 경우가 이에 해당한다. 이러한 내담자는 부모와 환경이 자신에 대해 행하던 태도를 자기 자신 안으로 내사하여, 자신의 내면세계가 분열된 것으로 본다. 따라서 분열된 자기 자신들이 서로 행동을 주고받는 것이다. 그리고 타인을 공격하고 싶을 때 자기 스스로를 공격하는 것이 죄책감을 덜 가진다는 점을 인정할 수 있다. 이 내담자는 좋은 음식과 옷과 보석, 집, 자동차 등을 사서 스스로에게 좋은 환경을 제공하지만, 여전히 내적 공허감을 떨쳐버리기 어렵다. 반전은 갈등의식, 강박증상, 건강염려증, 자기관찰, 죄책감(분노감이 투사된 것), 우울증, 신체 긴장으로 인해 만성 두통, 위장장애, 가슴통증, 근육경색 등의 신체증상을 갖기도 한다.

4. 반 전	〈반전을 해결하는 접근법〉 억압된 에너지를 서서히 다른 적합한 대상을 찾아 해소하도록 돕는다. ● 호흡법(신체에 대한 알아차림, 관찰을 통해 긴장을 푼다. 눈을 자연스럽게 감고, 척추를 펴고 앉는다. 코로 숨을 들이쉬고 코로 숨을 내쉰다. 들어오는 숨을 머리, 어깨, 가슴, 배, 엉덩이, 다리, 발로 골고루 보낸다. 내쉬는 숨을 반대의 차례로 천천히 내보낸다. 신선한 공기를 다시 들이쉬고, 온몸으로 들어오게 한다. 숨을 쉬면서 어떤 생각을 하고 있는지 알아차린다. 또, 몸의 어느 부분이 긴장되어 있고 어느 부분에 신경을 많이 쓰고 있는지 알아차린다. 그곳으로 따뜻한 공기를 보내어 긴장을 풀어준다. ● 행동방향의 수정 양육자로부터 외면당했다고 생각하는 사람에게는 자신을 벌하는 대신에 양육자를 벌하는 상상을 하고 공격성을 표출한다. 직접 때리거나, 던지거나, 소리지르는 행동을 통해 공격성을 표출하게 한다. 이를 통해 감정이 정화되는 효과가 있다.
5. 자의식	자기 자신에 대해 지나칠 정도로 의식이 집중되어 있는 상태를 말한다. 이럴 경우, 자신에 대한 타인의 반응 또한 지나치게 의식하게 된다. 자의식은 자기 자신을 자기 내부에 가두어 놓게 되며, 접촉경계혼란을 가져오기도 한다. 적당한 자의식은 성장에 도움을 준다. 하지만 지나치면 항상 긴장 상태에 살아가게 되어 스스로를 힘들게 한다. 자의식이 강한 사람은 타인으로부터 존경받고 인정받고 싶어 하는 인정 욕구가 강하고, 이러한 인정 욕구가 거부당하게 될까 봐 두려워하기 쉽다. 그러나 막상 타인이 관심을 가지면 당황하기도 하고 불안해하여 신체적 긴장을 경험하기도 한다. 이럴 경우 대인 공포증도 나타날 수 있다. 〈자의식을 해결하는 접근법〉 내담자가 자신의 욕구나 감정을 말이나 행동이나 그림으로 표현하게 한다. 이를 통해 주위에 대한 관심을 다른 활동이나 일로 전환해 그 활동에 열정을 쏟도록 해 주는 것이 좋다. 그러면 자신의 과도한 자의식을 잊어버리고 바람직한 방향으로 에너지를 사용하게 된다. 이를 통해 억압된 미해결 과제가 해소되기도 한다. 내담자로 하여금 자신의 욕구나 감정, 관심을 알아차리게 해 주고 이를 다시 말이나 행동, 그림으로 표현하게 해 준다. 주위와 관심을 외부 활동이나 일로 돌리고 그러한 활동에 열정을 기울이고 심취하도록 이끌어주는 것이다. 그렇게 함으로써 자신을 잊어버리게 되고 에너지의 흐름이 정상화되어 억압된 미해결 과제가 해소되어 자의식에서 벗어날 수 있다. 자기 자신을 긍정적으로 보도록 하며, 과도한 욕심을 어느 정도 놓아버리고 스스로 만족하도록 한다.

6. 편 향	내담자가 자신이 처한 환경 속에서 스스로 감당하기 힘든 상황에 있을 때, 그 상황과의 접촉을 피하거나 그에 대한 자신의 감각을 둔화시킴으로써 접촉을 약화시키려는 경향을 말한다. 편향행동이 나타나는 현상은 말을 장황하게 하고, 이야기의 초점을 일부러 흐리고, 상대의 시선을 피하며, 웃어버리는 행동을 하거나 구체적 언급 대신에 추상적으로 이야기하는 것 등으로 나타난다. 편향 행동은 접촉하고 싶지 않은 사람과의 대화 상황에서 나타난다. 즉 편향은 감각적인 기제로 지각을 차단하거나 추상적인 표현으로 나타나므로, 당사자가 밝히지 않으면 알아차리는 데 어려움이 있다. 편향은 과거에 경험한 적이 있는 고통을 극복하기 위해 스스로를 보호하는 것이다. 고통이란 애정 결핍이나 성폭행, 거절 경험 등도 해당된다. 〈편향을 해결하는 접근법〉 내담자와 치료자가 관계 형성이 잘 이루어지게 노력하여, 깊이 있는 대화를 하도록 한다. 눈을 맞추지 못하는 내담자에게 부드럽게 접근하여 눈을 맞추고 신뢰감을 주도록 한다.

5) 개인 심리학적(아들러 학파) 미술치료

아들러(Adler)는 생물학적인 본능보다는 사회적인 면을, 무의식적인 면보다는 의식적인 면을 강조했으며 가족관계가 개인 발달에 큰 영향을 준다고 보았다. 개인의 생활양식은 유아기에 자신과 첫 관계를 맺는 가족들에 의해서 많은 부분이 형성된다고 보고, 이러한 면에서 아동의 교육 및 부모 교육을 중요시하였다. 개인 심리학적 미술치료는 열등감과 잘못된 생활양식에 따른 발달과정에 대한 이해를 통해, 내담자가 자신과 타인, 삶에 대한 잘못된 신념을 확인하고, 그것을 변화시켜 새로운 생활양식을 습득하여 사회에 참여할 수 있도록 돕는 역할을 한다.

아들러는 인간은 열등감과 보상의 상호관계를 통하여 자신의 삶에 있어서의 창조자, 삶의 예술가가 된다고 하였다. 이러한 아들러의 관점에서 예술 활동은 인간의 나약함을 보상하는 기능을 지니고 있다고 할 수 있다. 집단미술치료를 통해 집단원들의 그림과 자신의 그림에 대한 이야기를 나누며 각자 가지고 있는 감정들을 나누는 방법, 가족화 그리기를 통한 가족 구성원의 역동 탐색, 최초의 기억을 그림으로 표현하는 방법 등은 개인 심리학적 미술치료에서 주로 사용되는 미술치료 기법이다(권남희, 미술치료 수업을 통한 자아존중감 향상에 관한 연구, 공주대 석사논문, 2011).

6) 행동주의 미술치료

행동주의 미술치료란 내담자에게 미술치료를 할 때 행동치료 기법을 적용하는 것을 말한다. 초기 행동치료는 인간의 행동은 대부분 학습된 것으로 보고 환경 변인에 의해 결정된 것으로 보는 극단적 환경론적 입장을 취했으나, 반두라(Bandura, 1974)는 이런 기계론적이고 결정론적인 입장에 반대하여, 인간이 환경에 종속되는 수동적인 존재라는 견해는 실제로 환경에 영향을 미치는 인간의 능력이 고려되지 않은 것이라고 비판했다. 현대의 행동치료는 체계적이고 구조화된 심리 상담 치료적 접근을 의미하는 인간 행동의 과학적 견해에 기초하며, 내담자의 감정 통제와 사고방식의 수정도 중요시하는 폭넓은 행동주의 치료사들도 많아지고 있다(Kanzdin, 1994; Medichenbaum, 1977).

행동주의 미술치료의 목적은 내담자가 가진 부적응 행동을 소거시키고, 효과적이고 바람직한 행동을 학습시키는 것이다. 행동주의 미술치료는 정서, 행동장애 아동, 발달장애 아동 등이나 문제성 행동을 지닌 성인을 대상으로 하는 데 유용하다. 대표적으로 교육적 원리가 포함되어 있는 행동형성법이 많이 사용되는데 현재 할 수 있는 행동 속에 들어 있지 않은 행동을 점진적으로 강화시켜 목표행동으로 접근시켜가는 방법으로 미술활동을 촉진시켜 준다. 장애가 있는 아동의 경우 점, 선을 이용해 형태를 그리는 것을 반복한 후, 점, 선이 없이 스스로 그릴 수 있는 단계로 학습시킬 수 있다. 행동주의 미술치료에서 중요한 것은 치료 시 배운 행동들이 실생활에서 적용할 수 있도록 하는 것이 중요하다.

7) 인지, 정서, 행동 미술치료

인지, 정서, 행동 미술치료는 인간이 합리적이고 올바른 사고와 비합리적이고 올바르지 못한 사고를 할 가능성을 모두 가지고 태어났다는 가정에 기초한다. 엘리스(Ellis)는 인지, 정서, 행동 치료가 인본주의 심리치료라고 주장한다. 인간이 합리적인 삶을 살아가기 위한 기본적인 원리는 어떤 수행에 의해 자신을 평가하는 것이 아니라 자신의 있는 그대로를 수용하는 것이다(Ellis, 한국미술치료학회, 1973; 미술치료의 이론과 실제, 동아문화사, 1994).

인지 정서 행동 미술치료의 목표는 내담자가 가지고 있는 비합리적인 신념을 합리적으로 바꾸어 내담자가 더 현실적이고 실현 가능한 목표를 가지고 살아갈 수 있도록 한다. 따라서 어떠한 비합리적인 생각을 하고 있는지 파악하고 수정하는 데 노력해야 한다. 미술치료사는 내담자가 미술 활동을 통해 사고나 감정을 시각화하도록 하고, 작품을 통해 내담자가 가진 정서적 불안 또는 비합리적인 생각 등에 대한 자각을 할 수 있도록 하여 내담자가 합리적인 생각을 할 수 있도록 유도한다. 이러한 구체적 미술치료 활동으로는 '나'를 표현하기, 부정적 감정 버리기 등을 여러 가지의 재료를 이용해 할 수 있다(권남희, 미술치료 수업을 통한 자아존중감 향상에 관한 연구, 공주대학교 교육대학원 석사논문, 2011).

2. 미술치료를 위한 아동의 심리 이해

유아나 아동의 경우, 심리적 불안정은 우울과 불안, 위축의 양상을 띤다. 이들 정서는 유·아동기의 애착 문제가 가장 큰 원인이 된다는 연구 결과가 많이 있다. 따라서 여기서는 애착에 대한 이론과 우울, 불안, 위축에 대해 다루기로 한다.

1) 애착 이론

애착이라는 용어는 바울비(Bowlby, 1958)가 영아와 어머니 간의 유대 관계를 설명하면서 최초로 사용하였다. 그는 애착을 다른 사람에게 근접성을 추구하려는 행동과 그 근접이 손상되었을 때 그것을 회복시키려는 행동 양자를 포함하는 개념으로 정의하였다. 이러한 애착은 애착 대상이 낯선 환경에 대한 두려움을 견디게 해주는 '안전기반'이 되어, 무엇에 구애되지 않고 주위 환경을 탐색할 수 있는 힘을 준다.

애인스워드(Ainsworth, 1979)는 애착을 사람이나 동물이 자신과 특별한 개체 사이에서 형성하는 정서적 유대라고 정의하면서, 이러한 정서적 유대는 시·공간을 넘어서 지속된다고 하였다. 코헨(Cohen, 1978)은 애착 대상은 다른 사람이 대신할 수 없는 심리적 기능을 한다고 하였다. 이렇듯 여러 학자의 견해를 종합해 보면, 애착이란 특정한 사람과 함께 있음으로써 안정을 추구하려는 성향이라고 할 수 있겠다.

애착은 최초의 인간관계에서 형성되기 시작하는 것으로, 인간이 성장함에 따라 지속적으로 안정감을 주는 심리적 상태인 것이다. 케니(Kenny, 1987)는 '애착의 질'이 자녀가 집을 떠나있는 동안에도 환경을 정복하고, 사회적 능력을 계속 발달시킬 수 있도록 지지하는 데 영향을 미친다고 하였다. 어린 시절 부모로부터 안정된 애착 관계를 맺으면, 자라서 또래 관계를 형성하는 등 사회관계를 넓혀 가면서도 안정을 찾고 두려움 없이 탐색할 수 있게 된다고 본다. 위니콧(Winnicott, 1965)은 안정 애착 아동은 정서적으로 안정되고 충분한 믿음 관계가 형성되며 호기심과 세상에 대한 탐구적 자세를 취하게 되고 창조적인 장래성을 가지게 된다고 하였다.

애인스워드와 그의 동료(1978)는 아동의 애착 유형을 안정 애착, 회피 애착, 저항 혹은 양가 애착으로 분류하였다. 여기서 회피 애착과 저항 혹은 양가 애착은, 불안정 애착으로 묶어 분류할 수 있다. 이들이 분류한 안정 애착 유형 유아의 어머니는 아이의 요구에 민감하게 반응하고, 아이가 스스로 노는 것을 충분히 허용해 주는 양육 태도를 가지고 있다고 보고하였다(정현희, 미술치료가 불안정 애착 아동에게 미치는 영향, 동국대 석사논문, 2008).

반면에 안정적인 애착 관계를 경험하지 못한 불안정 애착 아동은, 타인을 포함한 자신의 주변 환경이 위험하다고 느끼고, 그것에 대한 부정적 인식과 불안 심리를 가진다. 따라서, 충분한 안전기반이라는 믿음을 주지 못하는 양육자와의 관계는 심리 불안을 초래하여, 그로 인해 세상에 대한 탐구적 자세를 갖는 데 걸림돌이 되어 창조적 자아 발전을 저해할 수 있다고 하겠다.

2) 불 안

불안의 개념은 매우 복잡하고 다면적이다. 불안은 어떠한 대상이나 사물을 이해하지 못하거나 그대로 받아들일 수 없어 환경에 적절히 적응하지 못하는 것에서 비롯되는 무기력을 말하기도 한다. 불안의 개념에 대해서 학자마다 각기 다른 견해를 보이는 것은 그들이 보는 관점과 관찰이 이루어지는 상태 또는 측정에 사용된 방법이 다르기 때문에 나타나는 결과이다. 하지만, 불안은 학습된 두려움으로 가장 간단히 정의될 수 있다(계은주, 특성 불안과 우울 수준에 따른 자아방어기제 사용, 이화여대 석사논문, 2001).

불안을 설명하는 여러 이론 가운데 프로이드는 불안을 처음에는 부적절하게 해소된 성적 충동과 해소되지 못한 흥분으로 생긴 긴장 상태가 변화된 것이라고 보았지만 후의 많은 임상 결과에 의해서 불안은 자아의 기능이라고 주장했다. 이는 객관적이고 알아볼 수 있는 출처에 대해 불안을 느끼는 현실 불안과 자아가 무의식적 갈등 조절에 실패하여 느끼게 되는 신경증적 불안, 그리고 도덕적 불안으로 나눌 수 있다.

또한 사회 심리학적 측면에서 봤을 때 불안은 유아가 자신에게 중요한 애착 대상과의 대인관계에서 일어나게 되는 것으로 인간 본질의 핵심은 사회적인 관계의 이해를 통해서만 이루어진다는 것이다. 아들러는 불안을 대인관계로부터 비롯되는 열등감과 열등의식 때문으로 보았다. 이처럼 불안은 혼자가 아닌 타인과의 사이에서 발생되는 사회적인 요인의 영향을 받는다. 그래서 인간은 생애 초기부터 불안이 발생될 수 있으며, 이는 인간적이고 사회적인 관계의 회복을 통해서 해소될 수 있다. 아동들은 사회적으로 힘들 때나 스트레스를 받을 때 또래와의 사회적 유대의 도움을 받아 극복할 수 있다.

설리반(Sullivan, 1953)은 유아와 의미 있는 관계를 맺는 어머니나 양육자와의 관계 속에서 불안 감정이 싹트게 된다고 주장했는데, 어머니나 양육자로부터의 감정 이입된 거부 감정은 유아가 자신을 둘러싼 사회적 관계에 대한 위협으로 인식하게 되고 이것이 불안으로 발전한다고 보았다.

마찬가지로 불안은 사회적, 환경적 조건 하에서 형성되며 유아기 때의 경험이 큰 영향을 미치는데, 유아가 불안 감정을 느끼게 되는 요인들에는 직접적 또는 간접적인 지배, 무관심, 아동의 개인적 욕구를 존중하지 않는 것, 과잉보호, 다른 아이로부터의 격리 등이 포함되어 있다. 이는 유아와 애착 대상인 부모와의 안정적인 관계를 방해하는 모든 요소가 기본적인 불안의 요인이 될 수 있다는 것을 의미한다(계은주, 앞의 논문).

불안은 사회적인 요인의 영향을 받으며 사회적인 관계 속에서 발생하므로 아동의 대인관계 행동과 심리적 기능을 이해하는 중요한 요인으로 인식할 수 있으며(서경희 & 변찬석, 1999), 불안 장애가 있는 아동은 자기주장이 약하고, 더 수줍어하며, 더 위축된 것으로 나타났다. 또한 사회적으로 매우 불안감을 느끼는 아동은 그 강도가 덜한 아동보다 부정적 자기 지각과 낮은 수준의 자존감을 보였다(La Greca & Stone, 1993).

3) 우 울

아동이나 청소년의 우울증은 점점 더 그 심각성이 확산되고 있다. 우울은 누구나 일생 동안 여러 번 경험하는 일반적인 현상이며 슬픈 감정이나 침울한 기분이 드는 것이 특징이다. 아동기의 우울증은 반복된 격리 불안의 경험과 관련된 것으로 불행한 기분, 흥미의 상실, 식사와 수면 등 신체 활동과 관련한 문제, 피로, 무가치함, 집중곤란 등으로 설명될 수 있고, 사회적 위축, 무기력, 학업 및 사회적 실패감, 초조감, 불면증과 같은 증후군을 갖는다.

우울을 설명하는 많은 이론이 있는데, 우울증의 원인을 뇌의 기제에서 찾는 생화학적인 입장에서 보면 뇌 속에 있는 생체아민의 수준이 저하된 상태가 우울증이며, 뇌에 있는 신경전달물질인 노르에피네피린, 도파민, 세로토닌 등의 상호작용 결과가 우울증의 유형을 결정하게 된다.

또한 정신분석학에서는 이미 구강기에 우울을 발생시키는 잠재성이 형성된다고 보고 구강기에 성적 에너지가 만족스럽게 해소되지 못하고 고착된 사람은 의존적인 성격을 형성하게 되며, 애정의 대상을 상실함으로 인한 분노와 죄의식이 자신에게 향하게 되어 우울증을 초래한다는 것이다. 이는 애착 대상과의 부정적이고 부적절한 관계 경험이 정서적인 문제를 일으킬 수 있다는 의미이기도 하며, 아동기의 우울증은 부모가 그들의 감정이나 행동에 무관심하거나 애정과 사랑의 표현이 적었고, 대화가 잘 통하지 않았기 때문에 발생하는 것으로 볼 수 있다.

한편 인지적 입장에서는 개인 스스로 자신의 생활환경을 왜곡되게 인식하는 인지적 왜곡으로부터 우울증이 발생한다고 본다(주점숙, 초등학생의 불안과 우울에 대한 동적 가족화 반응특성분석, 여수대 석사논문, 2004). 자기 자신을 포함해 자신을 둘러싼 상황이나 미래에 일어날 일에 대해서 충분한 증거나 근거 없이 부정적으로 지각 해석함으로써 자신에 대해 부정적 평가를 하게 되고 그로 인해 우울증에 빠지게 된다는 것이다. 이러한 부정적 사고에는 임의적인 추론, 어떤 상황을 이루는 많은 요소 가운데 단 하나의 요소에 근거한 결론을 내리는 선별적 추출, 사소한 사건만을 근거로 작게 또는 크게 평가하는 과대 및 과소평가 등이 포함된다. 이렇게 우울을 발생시키는 자기 가치 수반성(self-worth contingency)의 요소는 곧 불안을 발생시키는 요소가 될 수도 있으며, 우울과 불안이 유사한 정서로 나타난다는 것을 알 수 있다.

4) 위 축

아동은 사회적 발달의 시작인 생애 초기부터 부모를 비롯한 가족과 관계를 맺고, 유아기에는 또래 중심의 사회적 관계에서 사회적 유능감과 자존감을 형성한다. 이러한 사회적 유능감과 자존감은 아동기에 사회적 영역을 확장시키면서 더욱 발전한다.

그러나 모든 아동이 사회적 관계 속에서 사회적 유능감이나 긍정적인 자존감을 형성하게 되는 것은 아니다. 아동기에 사회적으로 위축되거나 또래 집단 속에서 사회적 지위를 획득하지 못하고 또래 관계에 문제가 있는 아동은 여러 가지 심리적인 어려움을 겪게 된다. 또래들로부터 수용되지 못해서 공격성을 보이는 아동보다 불안-위축을 보이는 아동이 더 많은 외로움과 사회적 불만족을 나타내며, 부정적인 자기 인식을 하는 것으로 나타났다(Boivin et al, 1989). 이러한 위축되고 또래로부터 거부당한 아동들은 다른 아동과 함께 놀기를 희망하지만 주저하고 상호작용을 시도했을 경우라도 부적절감을 느끼게 되며, 바위처럼 굳어져서 꼼짝하지 않는다거나 입술을 깨무는 것과 같은 불안 행동으로 인해 결국 또래로부터 수용되지 못하고 혼자 고립된다.

대인관계 기술이 부족한 위축 아동들은 또래 관계도 원만치 않아 우울한 정서를 느끼게 될 가능성이 크다. 위축 아동들은 자신들의 사회적 문제를 해결하는 데 적절치 못한 방법을 사용하여 공격적으로 대처하는 경향이 있다. 결국에는 타인과의 관계에서 당황감과 자의식적 수줍음을 느끼게 되고 이것이 공포감으로 발전할 수도 있다.

이러한 위축이나 수줍음의 원인을 부정적인 자아개념이나 자아 존중감에서 찾으려는 연구들(Hoing, 1987; Sarafino, 1986)에 의하면 수줍음이나 사회적 위축은 부정적 자아개념과 사회적 기술의 결핍 때문이며, 자신에 대한 개념 발달이 수줍음과 관련되어 있다고 한다. 또래로부터 거부된 아동은 외로움, 낮은 자존감, 사회적 불안을 겪을 뿐만 아니라 후에 청소년 범죄나 정신병리 현상을 나타내 보이는 것으로 나타났다.

사회적 위축을 보이는 아동들은 질적인 차이를 보이며 이는 세 가지의 하위 유형으로 분류해 볼 수 있다(Asendorpf, 1990).

첫 번째 유형은 다른 아동들과 어울려 놀기보다 혼자 놀기를 좋아하는 집단으로서 이들은 또래에 대한 접근 동기가 낮고 사회적 놀이보다는 사물을 선호하는 것으로 여겨진다. 다른 아동들과 어울리지 않는 것은 사회적 기술이나 사회성의 부족 때문이 아니라 단지 혼자 노는 것을 선호하기 때문이다.

두 번째 유형은 사회적 상호작용에 대한 두려움으로 또래와의 놀이를 적극적으로 피하는 집단으로서 또래에 대한 접근 동기는 가지고 있으나 스스로 가지고 있는 접근 / 회피 갈등에 의해서 그 동기를 억제하고 있다. 또래에게 접근했을 때 거부당할지도 모른다는 걱정과 염려가 아동에게 갈등을 일으키고, 이런 아동들은 유아기에는 또래들의 놀이를 구경하다가 아동기가 되면 혼자 놀기를 많이 하게 된다.

세 번째 유형은 사회적 상호작용을 원하지만, 또래와 사회적 상호작용을 하기 위한 사회적 기술이 부족한 집단으로서 또래에게 접근하고 싶은 욕구를 방해하거나 부정적 행동으로 표출하려고 한다. 이로 인해 또래들에게 거부되는 아동으로서 이들을 능동적인 고립아라고 한다(이정미, 2005, 불안/우울 및 위축 아동의 애착 유형에 관한 연구, 대구대학교 대학원 특수교육학과 석사 논문).

3 미술치료와 미술매체

1. 매체의 정의

매체(medium)는 영어 media의 복수형으로 라틴 어로 '중간의'를 나타내는 medius에서 유래되었으며, 매체 또는 수단으로서 어떤 의사나 사실을 전달하는 도구이다. 매체와 재료는 구분이 어려워서 혼용될 수가 있다. 로웬필드(Lowenfeld, 1957)에 의하면 재료는 표현에 직접 쓰이는 것이고, 매체는 표현에 매개가 되는 것이라고 했다. 특히 매체라는 용어는 회화, 조각 등 예술 표현의 수단 혹은 수단에 쓰이는 재료를 통틀어 일컫는 것이다. 미술매체는 세상의 일부분으로 존재하기 때문에 미술치료에서 내담자가 그 재료를 사용할 때 세상과 접촉하게 되어 정서적 각성과 의식을 한꺼번에 일으키게 해 준다. 따라서 미술매체와 제작자인 내담자 사이에는 역동적 과정이 만들어진다(Betensky, 1995).

랜드가튼(Landgarten, 1987)은 미술치료에서의 매체는 내담자가 미술작품을 만들 때 영향을 주고 동시에 내담자의 시각과 촉각에 영향을 미친다고 하였으며, 사용되는 매체의 특성이 내담자의 심리 상태를 강화시키거나 소멸시킬 수 있고 자기표현의 자유에 영향을 미칠 수 있다고 하였다(최외선, 이근매 외, 2006, 재인용). 그는 미술치료 시, 매체를 선택할 때 고려해야 할 중요한 드 가지를 촉진과 통제라 하고, 아래와 같이 구분하였다.

〈표 1〉 통제를 기준으로 한 매체의 특성(Landgarten, 1987)

젖은 점토	그림 물감	부드러운 점토	오일 파스텔	두꺼운 펠트지	콜라주	단단한 점토	얇은 펠트지	색연필	연필
1	2	3	4	5	6	7	8	9	10

가장 낮은 통제 ← → 가장 높은 통제

2. 매체의 종류와 특징

매체의 종류에 따라 발달 단계마다 적합한 재료와 활동을 권장할 수 있다. 정서 발육기의 아동에게는 통제가 낮은 매체인 물감, 점토, 크레파스 등이 적절하다. 그러나 지적인 발육이 진행되는 아동에게는 통제가 높은 매체인 연필, 색연필, 색종이를 이용한 섬세한 종이 접기와 다양한 공작 활동이 적절하다.

1) 2차원 습식 매체

수채화 물감	수채화 물감을 수분이 많은 상태로 사용하면, 의도하지 않게 흘러내릴 수 있으므로 매우 통제가 어려운 매체라고 할 수 있다. 물을 이용해 명암 조절하도록 하며, 겹쳐서 칠하기, 번지게 하기, 입으로 불기, 붓을 이용해 뿌려보기, 붓 이외의 재료인 헝겊이나, 스펀지, 솔, 야채 등에 묻혀서 찍거나 색칠하게 할 수 있다. 데칼코마니를 통해 의도하지 않은 모양을 만들어내어 심리를 투영할 수 있다.
아크릴 물감	쉽게 마르고, 다른 매체에 대한 접착력도 강한 성격을 가지고 있어 다양하게 사용할 수 있다. 칠한 것을 수정할 때 덧칠하면 색이 섞이지 않으므로 작업이 손쉽다. 그러나 아크릴 물감을 짜 놓고 작업하면 빨리 굳으므로 조금씩 덜어서 작업하는 것이 좋고, 아크릴 물감이 묻어 있는 붓도 물에 담가 놓도록 하는 것이 좋다.
유화 물감	세밀한 표현이 가능하며 두껍게 덧칠하여 입체감을 줄 수도 있다. 그러나 건조가 느린 편이고, 기름을 적절히 사용하는 데 어려움을 겪을 수도 있다. 유화 물감은 톱밥이나 모래, 돌가루 등 다양한 재료를 섞어 독특한 표현을 가능하게 하는 장점도 있다.
먹 물	다소 방어가 강한 내담자에게 내면을 표출하게 하는 데 적합하다. 무채색의 단조로움 속에서도 물을 통해 명함을 조절하게 하면서 섬세한 감각을 느낄 수 있게 할 수 있다. 단조로움을 꺼리면, 다른 물감이나 크레파스를 함께 사용할 수 있다. 옷에 묻으면 잘 지워지지 않으므로 조심한다.
포스터 컬러	불투명 물감의 특성을 살려 표현하도록 하며, 막대를 이용해 통에서 물감을 떠서 바르는 작업에서 흥미를 느끼게 할 수도 있다.
마블링 물감	마블링 물감은 기름 성분이 섞여 있어 물 위에 떨어뜨리면 녹지 않고 둥둥 떠 있다. 이것을 붓이나 막대로 저으면 예기치 못한 무늬들이 생성된다. 이것을 통해 내면을 표출할 수 있고, 물감의 무늬들을 종이에 찍어 자신만의 작품을 손쉽게 만들 수 있다. 기름 냄새가 날 수 있으므로 사용 후 환기를 시켜준다.

2) 2차원 건조 매체

연 필	통제가 매우 높은 매체인데 쉽고 자유롭게 표현과 수정이 가능하다. 세밀하고 날카로운 묘사를 할 때 적절하다. 또, 미술치료 진단 시 사용하기에 적절하다. 심은 그 단단한 정도와 진한 정도에 따라 H(hard), F(firm), B(black)로 구분된다. H 앞에 붙는 숫자가 클수록 심이 단단하고 색이 흐리며, B 앞의 숫자가 클수록 심이 부드럽고 색도 진하다. 나이가 어린 아동에게는 적합하지 않고, 지적인 욕구가 높은 내담자의 자유로운 표현을 돕는 데 적합하다.
색연필	색연필은 유성과 수성이 있다. 날카롭게 깎은 색연필은 섬세한 표현이 가능하고 자유로운 색감의 표현도 용이하다. 종류로는 하드, 소프트, 수채 색연필 등이 있다. 하드 색연필은 섬세한 표현에 적절하며 방수가 되므로 물감과 함께 사용할 수 있다. 소프트 색연필은 부드럽고 심이 두껍다. 수채 색연필은 그린 후 물칠을 하면 수채화처럼 표현된다. 색연필의 사용은 부드러움으로 인해 긴장 완화 효과를 가져올 수 있다.
파스텔	파스텔은 통제가 약하다. 색이 잘 표현되고 손이나 화장지로 문질러 표현할 수 있다. 완성 후에도 가루가 떨어지므로 보관하기 위해서는 정착액을 뿌려주어야 한다. 파스텔의 장점은 특유의 부드러움에 있다. 바탕색을 칠하고 싶지만 에너지가 부족한 내담자에게 파스텔로 문질러 바탕을 표현하게 하는 것이 적합하다. 그러나 선명하고 정확한 표현을 원하는 경우에는 적합하지 않다. 또 손으로 잡으면 손에 묻으므로, 이를 꺼리는 내담자에게도 적합하지 않다. 내담자가 파스텔을 선택하여 사용할 경우에, 파스텔에 힘을 가하여 눌러 표현하는 정도를 관찰할 수 있고, 이를 통해 내담자의 심리적 긴장과 통제의 정도를 파악할 수 있다.
색분필	파스텔과 비슷하지만, 분필을 물에 적셔 다양하게 사용할 수 있으므로 고정관념을 탈피하고 다양한 표현을 하게 하는 데 도움이 된다.
크레파스	나이가 어린 아동이 부담없이 자유롭게 표현하도록 하는 데 적합한 매체이다. 색을 섞어서 칠할 수 있고, 다 칠한 후 긁어내기도 하며, 손으로 문지르거나, 물감과 함께 칠하면 방수성이 있어 표현이 용이하다. 크레파스로 색칠할 때는 색연필보다 통제가 약해, 부담이 없으며, 크레파스에 가하는 힘의 정도와 스트로크의 거친 정도에 따라 내담자의 심리적 상태를 파악할 수도 있다.

크레용	수성과 유성으로 구분되며, 수성은 그림 그린 후에 물을 적셔 붓으로 문지르면 수채 색연필과 같은 효과를 기대할 수 있다.
목 탄	무게가 가벼우므로 내담자가 신기하게 생각할 수 있다. 통제가 낮은 부드러운 매체로 자유로운 표현이 가능하고 명암 표현에도 적합하다. 손으로 쥐고 그릴 경우 손에 잘 묻으며 완성 후 그림이 뭉개질 수 있으므로 정착액을 뿌려 보관하는 것이 좋다. 식빵이나 헝겊으로 지울 수 있으므로 지우는 활동을 통해 치료에 응용될 수도 있다.
콩 테	매우 진하고 잘 지워지지 않는다. 오일 파스텔과 유사한 성격으로 부드러운 표현이 가능하다.
사인펜	손쉽게 선택할 수 있는 매체로, 표현도 부담이 적다는 장점이 있다. 색상도 선명하며 많은 에너지를 들이지 않아도 진하게 표현된다. 두드리듯 점을 찍게 하여 감정을 발산할 수 있고, 거칠게 표현하여 스트레스를 해소할 수도 있다. 항상 선명하게 표현되므로 명암 표현이 용이하지는 않다. 수채화 물감과 함께 사용하거나 사인펜으로 그린 후 물을 칠하면 번지는 효과가 있어 매체를 다양하게 탐색하는 데 도움을 준다.
유성 매직펜	유성이므로 물에 닿아도 지워지지 않는 특성이 있어 이 특성을 이용해 여러 가지 재료에 표현할 수 있다. 우드락이나, 폼보드, OHP 필름에 잘 그려지고 지워지지 않는다. 빠른 시간에 쉽게 마르므로 손쉽게 사용될 수 있다. 손이나 옷에 묻으면 잘 지워 지지 않으므로 주의해야 한다. 냄새가 날 수도 있다.
패브릭 전용 크레용과 마커	옷감에 그려도 잘 그려지고 그린 후 다림질하면 지워지지 않으므로, 옷감을 사용한 작업에 적절하게 사용된다.

3) 3차원 습식 매체

찰흙, 지점토, 종이 죽(가면), 클레이 아트	수분이 많은 부드러운 점토매체는 통제가 가장 낮은 매체이다. 아동의 오감을 자극시키며, 형태 표현이 쉬우며, 만든 상태로 두면 그대로 굳어 있어 시간이 흐른 후 만족감을 느끼게 할 수 있다. 주무르고 만들어 던지는 작업은 대근육과 소근육의 발달을 가져오며 에너지 발산에도 도움을 준다. 부드러운 감촉을 통해 심리적 긴장감을 이완시켜줄 수 있고, 유아기의 원초적 감정 표출도 가능하게 한다.
풀물감	밀가루 풀 등에 물감을 섞어 만들 수 있다. 물감보다 부드럽고 촉촉하며 중량감이 느껴진다. 위축된 내담자가 손으로 만지고, 표현하게 하여 심리적 긴장을 늦춰줄 수 있다. 그러나 다소 산만한 아동에게는 통제가 약해 감정 조절에 힘이 들게 할 수도 있다.

석고, 석고 붕대	손이나 인체의 한 부분을 본뜨게 하여 자아를 인식하고 자존감을 향상시키는 데 사용할 수 있다. 본뜨기가 쉽고 단시간에 마르는 편이므로 성취감을 느끼게 할 수 있으며, 마르면 딱딱하게 변하는 것을 보고 자극을 받을 수도 있다. 건조 후 개성에 맞게 색칠하여 더욱 다양한 표현이 가능하다. 효과적으로 접근하기 위해서는 신체의 본뜰 부분에 로션을 충분히 바르고 마사지를 해 주어서 긴장감이 풀리도록 하는 것이 좋다. 작업 후 뒤처리에 유의한다.
채 소	다양한 채색 매체를 발라 문지르거나 찍어서 표현할 수 있다. 자연매체이자 먹을 수 있는 매체이므로 그 의미가 증폭될 수 있다.

4) 3차원 건조 매체

지끈	얇은 종이를 한 방향으로 꼬아서 만들어진 것이므로, 그것을 풀면 넓은 종이가 된다. 풀린 종이는 주름지와 유사하므로, 이것을 사용해 다양한 표현을 할 수 있으며, 지끈을 푸는 동작만으로도 치료 효과를 예상할 수 있다. 지끈 자체로도 감거나 말아서 입체 표현이 가능하고, 본드나 풀로 평면에 촘촘히 붙이게 해 집중력을 강화시킬 수 있다.
모루	마음대로 구부려 모양을 만들 수 있고, 철사에 부드러운 매체가 덮여 있으므로 강함과 부드러움을 동시에 느낄 수 있는 매체이다. 끝 부분에 철사가 삐져나와 손을 찌를 수 있으므로 이에 유의한다.
빵끈	빵 봉지를 묶는 끈으로, 부드럽게 휘어지므로 형태를 만들기 적합하다. 색깔도 금색이나 은색이므로 아동이 선호하는 경향이 있다.
노끈	노끈은 세로 방향으로 잘게 찢는 동작을 하기에 적합하다. 잘게 찢어보는 경험을 통해 심리적 긴장감을 해소하며, 이것을 흩날리게 해 부드러운 감촉을 느낄 수 있고, 다양한 표현에 응용할 수 있다. 또한 미술재료라기보다는 일상에서 자주 사용하는 재료이므로, 심리적 유연성을 기르는 데 도움을 줄 수 있다.
오브제	자연매체로 곡식, 열매, 조개, 돌, 나무도막, 나뭇잎, 흙 등을 자유롭게 사용할 수 있다.

5) 기타 재료

반짝이 풀, 색 모래, 글라스 데코, 솜, 스티로폼, 매직콘, 종이상자, 비누, 밀가루, 면도크림, 소금, 설탕, 실, 옷감, 비닐, 구슬, 단추, 이쑤시개, 성냥개비, 색 테이프, 면봉, 빨대, 수수깡, 골판지, 풍선, 양초, 철사, 종이 접시, 종이컵, 코르크, 신문지, 나무젓가락, 본드, 글루건, 나무망치, 칼, 양면테이프, 스펀지, 펀치, 고무줄, 부직포, 도장, 잡지, 여러 가지 생활용품 등이 모두 사용될 수 있다.

6) 바탕 재료

화지	도화지는 바탕재료로 가장 일반적으로 사용되고 있다. 손으로 쉽게 찢을 수 있으며, 가위로 자르기도 용이하다. 캔트지는 도화지보다는 두껍고 폭신한 느낌을 주며, 중량감도 느껴진다. 크레파스와 파스텔을 칠하면 색이 잘 흡수되고 부드러운 느낌을 준다. 크기는 전지, 2절지, 4절지, 8절지 등이 사용된다.
화선지	먹물이나 수채 물감을 사용하여 뿌리면 잘 번진다. 얇아서 잘 찢어지므로 유의해야 한다.
한지, 색 한지	화선지와 비슷하게 물감의 흡수와 번짐이 용이하지만, 화선지보다 질기고, 탄력은 적다. 섬세한 사용에 적합하다. 찢어 붙이거나, 구겨서 만들기에 활용할 수도 있고, 솜이나 구긴 종이를 감싸 색이 고운 물체를 만들기에도 적합하다.
마분지, 두꺼운 판지	입체 작업에 적합하다. 물에 담가두면 부드러워져 이 형태로 손으로 만져서 만들기에 이용할 수도 있다.
골판지	종이로 골을 만들어 덧붙여 골판지라고 하며, 띠 모양으로 잘라져 판매하는 것도 있고 넓은 판지 모양으로 판매되는 것도 있다. 띠 모양의 골판지는 둥글게 말아 만들기에 활용되기도 한다. 골이 있으므로 그 위에 그림을 그리면 새로운 질감을 느낄 수 있다.
포장지, 벽지	종이로 된 것과 비닐로 된 것이 있다. 선물 포장하기로 사용될 수도 있고, 다양한 무늬를 오려서 콜라주로 활용될 수도 있으며, 다양한 바탕 재료로도 활용 가능하다.
색종이	손쉽게 접할 수 있는 매체 중 하나이다. 색상이 다채롭고, 접어서 만들기가 용이하며, 찢어 붙이기나, 입체 종이 접기 등에 활용된다. 자르고, 접고, 구기고, 붙이는 등 다양한 경험을 쉽게 할 수 있다는 장점이 있다.

OHP 필름 (투명지)	그림에 대고 그대로 그릴 수 있으며, 투명한 느낌을 새롭게 느낄 수도 있다. 수성 사인펜은 잘 그려지지 않으므로 유성 매직을 이용해야 한다.
폼보드(우드락 위에 아트지가 붙어 있음), 우드락	밑그림을 그리고 칼로 잘라 입체 조형물을 만드는 데 효과적인 재료이다. 글루건이나 침핀을 이용해 고정시킬 수 있으며, 사이즈를 크게 만들어 자존감을 향상시키기에도 좋다. 만든 후 채색하기도 쉽다.
색종이	다양한 색이 이미 주어져 있어 내담자의 감정 상태에 따라 선택적으로 사용할 수 있다.
섬유	옷감에 그림을 그리거나, 염색할 수도 있고, 바느질을 하거나 뭉쳐서 인형과 같은 입체물을 만들 수 있다.

3. 매체의 종류와 활용

많은 매체 중에 내담자의 발달 단계에 알맞은 매체를 선택해야 한다. 특히 발달 단계가 낮을수록 더욱 주의를 기울여야 한다. 또는 내담자 스스로 감정을 표현하는 데 적절한 재료를 선택하도록 하기 위해 내담자의 의도를 주의 깊게 살펴야 한다.

<로웬필드의 발달원리에 의한 분류>

1. 난화기 (2~4세)	근육 운동 감각을 연습하는 시기이므로 단순하고 다루기 쉬운 재료가 적합하다. 연필은 통제가 높은 다루기 어려운 재료이므로 적절하지 않으며, 물감의 사용이 어렵기는 하지만 물을 적게 사용하면 크레파스보다 만족을 느낄 수도 있다. 물기가 적은 물감으로 핑거페인팅 물감을 사용하면, 손가락과 몸으로 자연스럽게 매체에 다가갈 수 있다. 핑거페인팅 물감은 두려움이 많거나 긴장된 정서를 경험하고 있는 내담자에게 심리적 안정감을 준다. 점토가 매우 적절한 매체가 된다. 자유롭게 주무르고 두드리는 작업을 하면서 손가락과 몸의 근육을 사용하게 하는 데 좋다. 이 시기에는 다양한 재료를 접하게 하기보다는 하나의 재료를 충분히 느끼고 익숙해질 수 있도록 배려하는 것이 적합하다.

2. 전도식기 (4~7세)	사물을 똑같이 만들어 보려고 의도하는 시기이므로 점토가 적합하다. 이외에도 난화기에서와 같이 물기가 적은 물감과 종이, 부드러운 색연필, 크레파스, 사인펜, 다양한 색감의 색종이도 좋은 매체가 된다.
3. 도식기 (4~7세)	형태라는 것을 알아가며 표현하려고 하는 시기이다. 이에 적합하게 물기가 적은 물감, 넓은 종이, 크레파스 등 다루기 쉬운 매체가 좋다. 이때 수분이 많은 수채화 물감을 사용하도록 하는 것은 오히려 좌절감을 줄 수도 있다.
4. 또래 집단기 (9~11세)	사실적인 표현을 추구하는 시기이다. 형태와 색감 모두에 해당한다. 따라서 기본색의 물감을 섞어 여러 가지 색깔을 만들어보게 하는 것도 좋다. 색종이 접기나 오려붙이기는 쉽게 다가갈 수 있을 뿐만 아니라 서로 중첩되는 경험을 할 수 있으며, 여럿이서 협동작업을 하는 데도 적합하다. 이 시기에 핑거페인팅 물감을 사용하게 하면, 내재된 에너지를 손가락을 통해 자유롭게 표출하도록 하는 데 도움을 준다. 자연 매체의 적절한 사용도 권장할 만하다. 돌, 나뭇가지, 깃털, 조개껍데기 등의 자연매체와 철사, 단추와 같은 일상재료들을 활용해 입체적인 작품을 시도해 보는 것도 좋다. 콜라주 기법과 사물들을 찍는 기법도 적합하다.
5. 의사실기 (11~13세)	대상을 적절히 표현하며 합리적으로 사고하기 시작하는 시기이다. 이 시기부터는 수분이 많은 수채화 물감의 사용도 원활하게 발달한다. 수채화 물감의 번짐, 자연스러운 흘러내림에서 우연을 경험하고, 상상력과 열린 사고로 나아갈 수 있게 한다. 철사와 점토를 이용해 뼈대를 세워 입체 작품을 만들도록 격려하는 것도 좋겠다.

1) 점토 매체

가장 낮게 통제하는 젖은 점토는 수채화 물감과 같은 액체 도구로서 언어화가 결핍된 내담자에게 유용하며 과도한 언어화를 나타내는 사람들에게는 감각적 요소를 강조할 때 사용한다. 젖은 점토와 같은 유형의 매체는 정서를 안정시키고 거부와 저항을 감소시키며, 정서적 이완 효과를 가진다고 볼 수 있다.

[그림 12] 점토 작업(7세 남아)

부드러운 점토는 부드러운 감촉이 주는 따뜻함과 자연스러움을 촉감으로 느끼게 해 준다. 반면에, 단단한 점토는 높은 통제 하에서 도전적 경험을 할 수 있게 해주므로, ADHD 아동에게 무의식적인 생각과 감정을 스스로 표현하게 하고 이를 통해 성취감과 건강한 자아를 형성하는 데 효과가 있다고 연구되고 있다.

2) 종이 매체

통제가 높은 종이 매체를 이용한 미술치료의 경우에는 콜라주나 종이 접기 조형 활동으로 정신지체아의 자기 표현력, 자립성 증가와 감정 발산 역할을 하고, 자발성, 집중성, 참여도 등 행동개선에도 효과 있다(김영미, 콜라주에 의한 미술치료가 장애아동의 행동 개선에 미치는 효과, 대구대학교 석사학위 논문, 1997). 콜라주 기법이 주의력결핍 과잉행동아동의 행동과 심리 변화에 미치는 효과에 관한 연구에서 과제 집중력이 증가하고 산만한 행동이 감소하였다(임명화, 콜라주기법이 주의력결핍 과잉행동 아동의 행동과 심리 변화에 미치는 효과, 대구교대 교육대학원 석사논문, 2002).

[그림 13] 종이접기와 클레이 꾸미기(6세 여아)

종이접기 조형은 언제 어디서나 가능하고 짧은 시간에도 무엇이든 만들 수 있어 성취감을 높여주고 협동심과 사회성이 길러지고 접는 과정에서 관찰하는 능력과 이해력을 증진시켜 유·아동의 사고능력과 지각능력을 향상시켜 준다고 제시하고 있다(강정임, 종이접기 조형 활동이 초등학생의 창의력과 학업 성취도에 미치는 효과, 경성대 교대 석사논문, 2001). 종이접기 조형 활동이 주의력 결핍 과잉행동장애 아동의 행동 변화에 미치는 효과에 관한 연구에서도 종이 접기를 활용한 주의집중 훈련 프로그램을 적용한 결과 주의력 결핍 감소에 효과가 있다고 보고하고 있다(김애숙, 종이접기활동이 주의력 결핍, 과잉행동장애 아동의 행동 변화에 미치는 효과, 인제대 교대 석사논문, 2001).

[그림 14] 색종이로 8단 아이스크림 만들기(8세 여아)

[그림 14]는 색종이를 동그랗게 구겨서 만들기 시작한 아이스크림을 계속해서 붙여 나가는 아동의 모습이다. 이 작업 동안 지속적인 집중력을 보였다.

위와 같은 사전 연구들에서 볼 때, 통제가 낮은 매체는 심리적 정서적 이완 효과가 있고, 통제가 높은 매체는 집중력, 행동 개선에 효과가 있는 것으로 나타난다. 이것으로 물기가 있는 습식매체가 심리를 촉진시키며, 건조매체는 심리를 통제한다는 매체의 효능으로도 결론을 이끌어낼 수 있다. 치료자는 내담자의 성격 특성과 심리적 문제에 따라 매체의 심리 촉진과 심리 통제 특성을 잘 활용해야 할 것이다.

미술치료에서는 내담자의 자발성이 촉진되도록 충분한 작업 공간과 다양한 종이와 점토 등 충분한 매체가 제공되어야 한다. 이때 치료자는 내담자의 욕구에 민감하게 반응해야 한다.

3) 자연 친화적 매체

자연(自然, nature)을 그리스에서는 피시스(physis)라 하였다. 이 말은 피오마이(태어나다)라는 동사에서 유래하며, 본래 '생성(生成)'을 뜻한다. 즉, 나와서, 자라고, 쇠약해져, 사멸하는 것이 자연이라고 한다. 아리스토텔레스의 정의에 따르면 자연이란 '그 자체 안에 운동의 원리를 가진 것'이다. 이와 같은 그리스의 자연관에서는, 자연은 조금도 인간에게 대립하는 것이 아니고 오히려 그러한 생명적 자연의 일부로서 그것에 포괄되어 있다. 자연은 인간에 대하여 이질적, 대립적이 아니고 그것과 동질적으로 조화롭고 신(神)마저도 거기서는 자연을 초월하는 것이 아니고 거기에 내재적이다(두산세계대백과사전, 1997). 또한 자연은 인간의 모태이며, 인간에게 풍요로움을 가져다준다. 인간은 자연의 섭리 속에서 자연에 순응하며 살아야 한다.

그루버(Gruber)와 렐프(Relf, 1990)는 자연을 접하는 기회가 줄어듦에 따라 야기된 현대 생활의 많은 문제점은 과거부터 인간 생활이 자연 질서의 일부분이었음을 이해하고 그에 따르는 생활을 함으로써 해결될 수 있다고 주장하였다(이병택, 식물과 상호작용이 초등학생의 감성지능에 미치는 영향, 한세대 석사논문, 2003). 즉, 자연은 모든 것의 원천인 동시에 귀결점이다. 인간도 자연에서 태어났고 자연으로 돌아간다. 그러므로 인간은 자연 속에서 자연을 통하고 그에 비추어서만 자신의 참모습을 발견하고, 배울 수 있으며 삶의 깊이를 경험할 수 있다(박이문, 더불어 사는 인간과 자연, 미다스북스, 2001).

론커(Lonker, 1982)는 미술 외적 재료로 전통적인 미술 재료에 서서히 다가갈 수 있게 함으로써 저항감을 줄여 준다고 말한다. 사용 가능한 미술 외적 재료는 먹어도 될 정도의 안전한 것들과 쉽게 다룰 수 있는 것들이어야 한다(엄상진, 자연물을 이용한 집단 미술치료가 지적 장애 아동의 사회성 향상에 미치는 영향, 원광대 석사논문, 2008).

[그림 15-1] 음식으로 꾸민 만다라(12세 남아)

미술치료사는 내담자에게 흔히 쓰는 미술 재료와 미술 외적 재료(예: 물, 면도 크림, 콩, 쌀)를 모두 제공하여 선택의 폭을 넓게 해 준다. 이 기간에 가능하면 미술치료사는 내담자에게 재료를 선택할 수 있도록, 또 활동이나 주제, 내용을 결정할 수 있도록 해 준다(Rubin, 1973).

[그림 15-2] 면도 크림으로 만든 아이스크림(8세 여아)

미술 재료는 정서적으로, 인지적으로 서로 다른 느낌을 줄 수가 있다. 예를 들어 풀물감은 부드럽고 촉촉하고 색깔이 있을 뿐만 아니라 자유롭고 유연한 재료여서 위축된 아동에게 해방감을 줄 수 있으나, 산만한 아이는 감정 조절이 잘 안 될 수도 있다. 자폐 아동은 접촉 자체를 꺼릴 수도 있다. 점토가 주는 느낌은 재질감이 있고 풍부하지만 더럽고 기분 나쁘게 느끼는 아이도 간혹 있다. 그러나 대부분은 찰흙은 유아 시기의 원초적 감정을 표출할 수 있는 훌륭한 재료가 된다(공마리아 외, 미술치료 개론, 동화문화사, 2004).

[그림 15-3] 밀가루 반죽 다루기(8세 남아)

[그림 15-3]에서 밀가루 반죽도 젖은 점토와 같은 무른 매체로 유아의 원초적 감정을 표출하는 데 적절한 매체이다.

곡식류를 비롯한 친환경적 재료는 다양한 모양과 재질로 발달장애 아동의 촉각 자극을 위한 훌륭한 매개물이 될 수 있다. 씨앗류는 각자의 모양이 독특한 개성이 있다. 나뭇잎 등은 재질이 부드럽고 구하기 쉬우며, 질감이 뚜렷하고 잎은 연결하기 좋고 색상이 동질하면서 다양하다. 채소나 과일은 모양이 다양하나 쉽게 상하고 색이 변질되기 쉽다. 자갈과 돌은 구한 장소에 따라 표면의 재질감이 다양하다(김현지, 발달장애 아동의 촉각 중심 감각 활동을 위한 미술치료 매체 활용방안, 원광대 석사논문, 2005).

[그림 16] 야채 자르기와 찍기

자연의 향기가 나는 나무나 풀들을 냄새로 구별하고 비교함으로써 더욱 명확하게 나무들의 차이를 확인할 수 있다. 미술활동에서도 향기는 자연에서 얻은 색채염료 재료를 활용하여 아동들이 자유롭게 자신의 내면세계나, 냄새를 어떤 형식에 구애받지 않고 그들의 개념, 상상, 관찰, 느낌, 생각 등을 반영할 수 있는 길을 열어 줄 수 있다. 이와 같은 오감을 통한 자연과 하나 되기 체험 활동으로 미적 대상에 대한 의식은 직관 작용으로 오감을 통해 대상의 무한히 복잡한 선, 색, 형, 율동, 구성, 향 등의 제 요소를 창조적 상상력 또는 예술적 의식에 의해, 주관의 미적 양식화적 변용을 가져온다. 이와 같이 친환경적 재료는 조형 활동을 통해 그들의 풍부한 상상력을 재구성하는 경험을 하게 하고 자신들의 생각을 자유롭게 표현하고 호기심과 감수성을 강화시킨다. 또한 물질적, 감성적 체험으로써 의미를 갖게 하는 등의 의의가 있다고 하였다 (복현순, 친환경적 표현재료를 이용한 조형 활동 방안 연구, 홍익대 석사논문, 2002).

[그림 17] 귤을 이용한 물감 그림 작업(성인 여성)

미술매체는 요리할 수 있는 각종 재료와 음식물을 만들어 먹을 수 있는 모성적 공간으로 바뀌기도 하는데, 이는 스스로 양육하고 먹일 수 있는 창조성의 공간을 상징적으로 은유한다고 볼 수 있다. 즉, 유동의 예술 매체는 모체의 대리물로 기능하는 상징성을 지니게 되는데, 이는 분석심리학에서 말하는 '물질(Materie)은 곧잘 아니마 원형의 투사를 받는다. 그것은 모체(母體, Matrix)의 특징을 많이 가지고 있다(이부영, 분석심리학, 일조각, 2004).

스티틀만(Stitelmann J.)은 자연과 미술치료에 대하여 다음과 같이 설명하였다. 첫째, 자연물을 이용하는 것은 창조 과정과 재료를 미술치료사나 내담자가 의도를 가지고 준비한 것이 아닌 물질문화 밖에 존재하는 자연 그대로의 재료를 가지고 작업하는 것이며, 자연물은 살아 있는 요소를 가지고 작업하는 것이다. 둘째 손으로 직접 자연물을 만지거나, 몸을 더럽히거나, 피부를 거칠게 하면서 자연에 동화되며, 느끼고, 냄새 맡고, 맛을 보고, 자연의 소리를 들어 보기 위하여 부동의 자세를 취할 수도 있고, 작품의 완성 또한 다시 자연으로 돌아가게 함으로 이러한 경험은 내담자 자신의 일시적인 삶의 순환과 비교하여 어느 정도 두려움을 덜 수 있게 되므로 자신의 신체적, 정신적 정체감을 느낄 수 있게 된다. 이러한 신체로만 존재해 보는 경험, 자신의 신체 기관과 얼굴과 피부를 통해 세상을 받아들이는 미술활동들은 내담자의 병리적 문제들을 흔들어서 단호한 것 같은 자기 자신을 부드럽게 변형시킬 수 있게 한다. 편집적인 사고에서 조금씩 멀어져서 새로운 사고, 새로운 행동태도, 유동적 사고를 할 수 있게 된다(신승녀, 미술치료 핸드북, 창지사, 2009).

[그림 18] 밀가루 다루기

[그림 18]과 같이 밀가루의 부드러움을 신체로 느끼고, 물에 넣어 끈적거림을 느끼며, 자연과 동화되는 체험을 하게 된다.

자연재료는 다양한 가변성을 가지고 있으며 활용에서도 가변적인 상황이 많이 일어난다. 이러한 가변성은 내재되어 있는 창의성을 끄집어 낼 수 있는 적극적 장점이 될 수 있다(김형일, 자연 매체를 이용한 미술치료가 신경증 성인 여성의 우울, 불안에 미치는 효과, 나사렛대학교 석사논문, 2010).

[그림 19] 국수 부수기와 물에 적셔 만들기

[그림 19]의 활동은 국수를 부수며 부정적 감정을 해소하고, 물에 적셔 부드럽게 만들어 동그랗게 빚어보기도 하며 마음의 안정감을 회복하게 한다.

4 미술치료와 색채

1. 색채학

색은 빛, 시각계, 빛을 반사하는 물체라는 세 가지 요소가 있어야 볼 수 있다. 어떤 물체의 색은 빛을 차단하면 존재하지 않고, 우리의 시각이 없다면 인식되지 않으며, 색이라는 것도 빛을 반사하는 물체가 있어야 보이기 때문이다. 이렇게 신비한 색이라는 현상은 역사적으로 각 문화권에서 연구되어 왔고, 의학적으로도 활용되어 왔다. 이집트는 1550년경부터 색을 약으로 쓴 색채 요법의 발상지이다. 유럽에서도 기원전 500년경 종교가이자 수학자인 피타고라스가 병 치료에 색깔을 사용했다고 전해진다. 고대 그리스와 로마, 남아프리카, 잉카족은 태양을 숭배했고 일광욕과 보석이나 채색

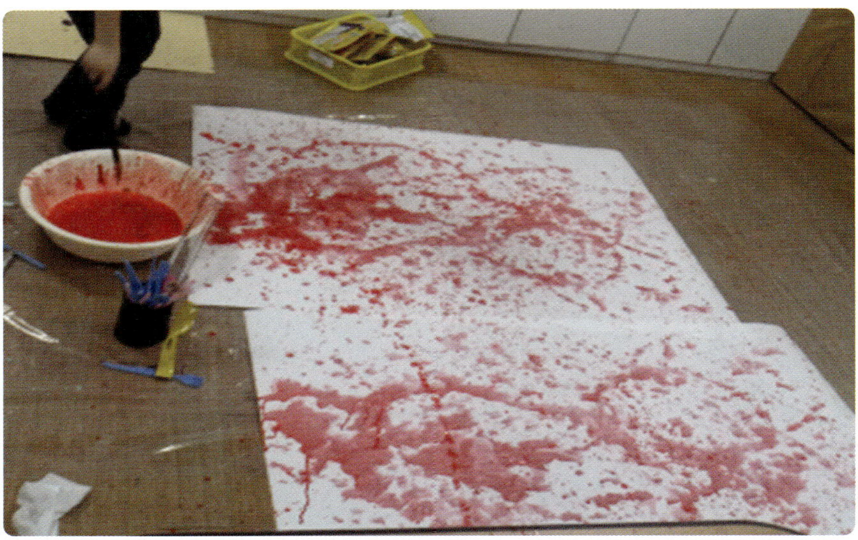

[그림 20] 물감 뿌리기(8세 남아)

유리를 사용해 색과 빛을 치료에 이용하였다고 전해진다. 동양 문화권인 중국과 우리나라에서도 오행인 목, 화, 토, 금, 수에 대응하는 오방색으로 청, 적, 황, 백, 흑을 연결시켰고, 이를 심리와 활동, 질병 치료에도 활용해 왔다(Solution Color Light Therapy, 한국색채심리상담학회, 2012). 현대에는 괴테가 색과 색의 상호관계에 대한 연구를 '색채론'이라고 명명하였고, 융은 심층심리학적 관점에서 우리가 의식하든 의식하지 못하든 색이 우리의 삶에 원형(Archtype)으로서 영향을 미친다고 보았다.

즉, 역사적으로 색을 지각한다는 것은 시각의 생리적 현상이면서도, 감각을 통해 흡수되어 물리적으로나 심리적으로 치료 효과를 가져온다고 평가되어 온 것이다.

[그림 20]에서 아동은 붉은 물감을 선택해서 물감물을 만들고 붓으로 뿌리는 작업을 통해 내면의 불안과 분노를 해소하고 있다.

색에는 인간의 감정과 생리에 영향을 미치는 힘이 있다. 그것은 색을 눈이 아닌 마음으로 받아들이기 때문이다. 예를 들어 난색과 한색의 작용이다. 즉, 색은 우리를 따뜻하거나 차갑게 느껴지도록 조절하는 능력이 있다. 우리가 색채를 보고 시원하다든지 따뜻하다든지 하는 것은 인상 또는 감각정서라 부른다. 미술작품의 창작이나 감상은 인간의 정서(감정)와 밀접한 관계를 지니고 있다. 정서 또는 감정은 경험에 의해 생긴 의식 상태이기 때문에 특정한 대상과 밀접한 감정이 없으면 대상이나 감정도 소멸된다. 색과 감정의 관계는 개인적인 취향이 아니라 한평생 살아가며 쌓아가는 일반적인 경험, 어린 시절부터 언어, 사고에 의한 경험의 산물이다.

[그림 21] 물감 자유화(6세 여아)

[그림 21]과 같이 유아는 분홍색과 연두색 등을 사용하여 사랑받고 싶은 감정을 나타냈다.

언어를 사용하지 않더라도 색의 사용을 통해 의사소통을 할 수도 있다. 이때, 색은 무언의 언어라 할 수 있다. 어떤 색을 사용하느냐에 따라 메시지를 읽어낼 수 있으며, 자신의 심리 상태를 알 수도 있다.

[그림 22] 풀물감으로 자유화 그리기(12세 남아)

[그림 22]에서 아동은 강렬한 태양과 초록색의 들판을 그렸다. 강렬한 붉은 태양과 같은 감정 아래에서 초록의 안정감을 원하는 간절함을 읽을 수 있다.

이러한 색의 상징성을 미술치료에서도 적용하고 있는데 이는 색이 우리 마음에 미치는 긍정적인 효과 때문일 것이다. 또한 색과 형의 관계에서 우리는 색이나 형을 볼 때 그것을 형태로 자각할 뿐만 아니라 색이나 형에 대하여 감정이 더해지게 되므로 색과 형에 대한 심상이 생기게 된다(김정희, 색을 통한 미술 심리 치료 연구, 강원대 교육대학원 석사 논문, 2009).

〈색의 구체적 연상 및 추상적 연상〉

(이경아, 미술치료에서 색의 활용방안, 원광대 환경보건대학원 석사논문, 2004)

색상	구체적 연상	추상적 연상
빨강	불, 피, 태양, 사과, 심장	정열, 혁명, 화력, 위험, 폭발, 비속, 애정, 격정, 흥분, 광기
주황	등불, 화염, 오렌지, 귤, 감, 단풍, 당근, 석양	온화, 성숙, 건강, 만족, 건조, 질투, 환희, 혐오, 신선, 명랑, 기쁨
노랑	빛, 배추꽃, 호박꽃, 해바라기, 레몬, 병아리, 금	희망, 유쾌, 광명, 활발, 경박, 평범
연두	유아, 자연, 배추	신선, 생장, 위안
녹색	풀, 잎, 숲, 시금치, 피망, 고추	평화, 건전, 안정, 이상, 젊음, 상쾌, 생명감, 정의, 안식, 청결, 침착, 조용함, 친구, 휴식
파랑	바다, 하늘, 물, 호수, 해저	성실, 냉정, 명상, 심원, 이지, 청정, 평정유구, 희망, 시원함, 고독, 자유
보라	포도, 청포, 난초, 오랑캐꽃, 가지, 와인, 제비꽃, 자수정	우아, 고귀, 신비, 불안, 환상, 장중
청록	바다, 숲, 비, 칠판	공도, 질투, 침착, 신비
흰색	눈(雪), 흰 구름, 설탕, 소금, 백지, 백합, 병원, 토끼, 안개, 우유, 이빨	결백, 소박, 순결, 신성, 정직, 광명, 불길, 청정, 평화, 정의, 눈부심
회색	흐린 날, 재, 쥐, 돌	중용, 평범, 실망, 우울, 불안, 겸손
검정	먹, 밤(夜), 숯, 흑발, 까마귀, 상복, 피아노	절망, 침묵, 죄, 엄숙, 강건, 사멸, 공포, 중압감, 고독, 심연

[그림 23] 크레파스 녹이기

[그림 24] 크레파스 태워 녹이기

[그림 23]은 크레파스를 촛불에 녹여 그림 것으로, 자신의 마음을 여러 가지 색깔의 원으로 표현한 것이다. [그림 24]는 양초를 찰흙으로 덧붙여 산 모양으로 만든 후, 양초의 불을 켜고 크레파스가 촛농과 함께 흘러내리도록 하는 작업으로, 분노 표출과 내면의 감정 정화를 위한 것이다.

2. 유아동의 색채 심리

색채 심리는 인간의 심리를 이해하는 데 많은 도움을 준다. 유아동을 대상으로 한 색채 심리는 유아동의 정서적 발달 정도, 지적 발달 정도, 심리적 정황을 분석하는 적절한 기준이 된다. 또한 색채 심리는 인간 심리 이해를 통한 심리적 정서적 치료도 가능하게 한다. 따라서 미술치료의 한 분야로 색채 심리가 적용되며, 작품의 색에 대한 분석을 통해 심리적인 면을 조영할 수가 있다.

특히 유아동기는 형태보다는 색채에 더 민감하고 색을 통해 즐거움을 느낀다. 그러므로 유아동의 그림에서는 어떤 색을 사용하여 어떤 방식으로 채색하였는지를 관찰하는 것이 심리분석의 중요한 기준이 될 수 있다. 유아동은 특정한 색을 반복적으로 칠하고 단순하게 표현하는 경향이 있다. 유아동이 표현한 특정한 색은 그의 정서와 거의 일치하며 충동적인 유아동일수록 색채에 더욱 강한 흥미를 보인다고 볼 수 있다.

유아동의 채색 활동은 정서와 심리를 반영할 뿐만 아니라 자신의 감정을 표출함으로써 심리적 긴장을 풀고 만족감을 얻으며 안정된 정서로 나아가게 하는 치료 효과가 있다.

1) 유아동의 색채 감각 발달과정

인간은 육체적으로도 성장하지만 정신적 내재적으로도 지속적인 성장의 과정에 있다. 인간의 성장을 어떤 기준에 따라 구분하기는 어려운 점이 많으나, 일반적인 경향에 대한 통계를 통해 다양한 구분이 가능하기도 하다.

인간의 육체적 성장이 키나 몸무게 등의 통계수치에 따라 구분되는 것과 같이, 인간의 정신적 내재적인 성장은 그림에 나타난 형태와 색채를 기준으로 구분될 수 있는데, 아래와 같다.

1. 신생아~2세	신생아는 움직임과 밝은 정도, 감촉에 반응한다. 생후 2~3개월이 되면 색깔을 구분할 수 있다고 한다. 좋아하는 색깔에 대한 강한 반응은 2세가 지나면 가능하다.
2. 만 2~3세	협응력과 근육 운동을 발달시키는 시기이다. 색은 부수적이다. 강한 대비가 되는 색을 선택하여 작업하도록 하는 것이 효과적이다. 3세가 되면서 색의 다양성이 중요해지므로, 이때부터 채색 작업이나 색이 있는 매체를 이용한 그리기를 하는 것이 바람직하다.
3. 만 3~4세	사실적으로 표현되는 시기이다. 직관적으로 형상화하여 주관적 형태를 그려낸다. 색채를 사용하는 것도 사물 그대로의 색깔을 묘사하려 하기보다는 대상에 대해 주관적으로 인식한 색깔을 표현한다.
4. 만 4~7세	4세에는 공간 개념을 발달시키므로 색채의 사용보다는 선을 그리는 데 더 흥미를 갖는 경향이 있다. 이 시기에는 여러 가지 색채 중 마음에 드는 색을 골라 반복적으로 사물을 표현한다. 색보다는 형태에 더 관심을 갖기 때문에 너무 많은 색을 칠하기를 권하면 오히려 산만해져 표현을 어렵게 할 수도 있다. 이 시기의 아동은 자신과 정서적 관계에 있는 사람으로부터 영향을 받아 색채를 인식하는 경향이 있다. 예를 들어 친한 사람의 옷, 엄마가 입은 옷 등에 영향을 받는다.
5. 만 8~9세	7세까지 공간과 형태에 관심이 많았다면, 8세부터는 공간과 그 안을 메우는 색채의 관계에 눈을 뜬다. 전에까지 주관적으로 인식한 색을 표현했던 데 비해 사물의 원래 색을 묘사하려고 하며, 이는 공간과 환경에 대한 이해가 객관적으로 이루어지고 있음을 드러낸다.

2) 색채별 심리분석

알슐러(Alschuler)와 헤트윅(Hattwick)은 1947년『회화와 퍼스낼러티』논문에서, 유아동의 색채 사용법과 색채의 배치를 분석하여 아동의 심리를 연구하였다.

빨간색을 좋아하는 아동	자유로우며 자신이 느끼고 받아들인 대로 행동하며 에너지 수준이 높다. 서로 다른 색을 수직이나 수평으로 덧칠하는 것은 적대감과 자기주장의 표현일 수 있다. 빨간색도 조화롭고 곱게 채색된 것은 애정의 표현이기도 하며, 거칠게 채색된 것은 공격성을 나타낸다고 볼 수도 있다.
노란색을 좋아하는 아동	유아적이고 의존적인 행동을 하는 경향이 있다. 노란색에 파란색을 덧칠한 경우 성장 욕구와 의존 욕구의 갈등을 나타내기도 한다.
파란색을 좋아하는 아동	파란색이 긴장된 스트로크로 채색된 경우에는 불안 심리가 억제되어 있다는 것을 보여줄 수 있다. 파란색이 조화롭게 선과 형태의 묘사로 그려졌다면 명랑한 성격의 아동일 수 있고 주변 환경에 대한 적응력이 높은 아동이라고 볼 수도 있다.
초록색을 좋아하는 아동	자신의 감정을 강하게 표현하지 않는 아동이거나, 자신의 감정을 잘 느끼지 못하며 회의적인 경향이 있는 아동일 수 있다. 주로 엄격한 가정 분위기에서 성장하고 있는 경우가 많다.
주황색을 좋아하는 아동	주변 환경에 잘 적응하는 사회적 성격의 아동이 많다. 그러나 자신의 감정을 강하게 표현하는 것을 두려워하는 아동이, 자신의 그러한 성향을 감추기 위해 주황색을 사용하기도 한다.
갈색을 좋아하는 아동	아동이 유아적 상태에 머물고 싶어할 때 갈색으로 표현되기도 한다. 또는 갈색을 주요색으로 사용하는 경우 모성애의 결핍과 관련해서 이해할 수도 이해할 수도 있다.
회색을 좋아하는 아동	회색을 좋아하는 아동은 다소 대인 관계에 어려움을 겪고, 타인에 대해 경계심을 가지고 있으며, 열등감을 가지고 있는 경우가 있다. 가정환경에서도 억압적 분위기 속에서 성장하고 있을 가능성도 있다. 그러나 아주 밝은 회색은 흰색과 같이 해석한다.
검은색을 좋아하는 아동	정서 행동에 문제성이 발견될 수 있고, 공포와 불안을 느껴 심리적 압박감을 내재하고 있을 가능성이 있다. 공격적이다.
흰색을 좋아하는 아동	자신의 외부 세계와의 관계가 원만치 않으며, 관계에 대한 후회와 회귀를 원한다.

난색을 좋아하는 아동	따뜻한 감성으로 남을 위하는 마음이 많으며, 의존적이다.
한색을 좋아하는 아동	비판적 사고를 가지고 있으며 자기중심적이며 독립심이 강하다.

3) 색의 배치에 대한 심리분석

아동이 색을 배치하는 방식에서도 심리적 상황을 엿볼 수 있다. 연구에 의하면 아동이 색을 칠한 후 그 위에 다른 색을 덧칠하는 경우, 처음 색은 아동의 내적 감정이며 덧칠한 색은 외면적 행동 패턴이라고 해석하기도 한다. 즉, 자신의 감정을 외면적 행동 패턴으로 숨기려는 의도가 있다는 것이다.

색을 서로 떼어서 칠하기	자신의 감정을 통제하려 하고, 주위 사람이나 환경에 순응하려는 성향이 있는 아동.
색을 섞어서 칠하기	자신의 감정을 자유롭게 표현하는 적극적인 성향이 있으며, 외부의 요구에 대해 적극 수용적 입장을 가진 외향적인 성향의 아동.
색을 난잡하게 섞기	유아기에 머무르고 싶은 욕구가 있으며, 자신의 욕구가 좌절되면 공격적으로 반응하는 경향이 있는 아동.

색채는 인간의 정서를 자극한다. 또한 색마다 특유의 감각과 감정을 가지고 있다. 이러한 색채와 감각, 감정은 서로 연결되어 있는데, 개인차가 있을 수 있지만 거의 사회적, 역사적 보편성을 가지고 있다고 평가되어 왔다. 인간은 어떤 색에 대해 보편적인 정서를 공유하며, 개인적으로 특수한 정서를 덧붙이기도 한다.

제 2 부

실제편

1 미술치료 진단법

집 · 나무 · 사람 검사(HTP)

검사배경

1. 집 : 전반적으로 집에서 생활과 가족 간의 관계에 대한 상호작용과 관련이 있다. 아동은 집안 분위기와 부모·형제 관계를 나타낸다.
2. 나무 : 신체상·자아개념·현실 접촉에 대한 무의식을 나타낸다.
3. 사람 : 신체상·자아개념이나 대인관계방식, 갈등·방어에 대한 무의식을 나타낸다.

검사방법

준 비 물 A4 용지(1인당), 4B 연필, 지우개

지시내용 1. 한 사람당 4장의 종이를 나누어 준다.
2. 종이의 뒷면에 1, 2, 3, 4의 번호와 자신의 이름, 나이를 적게 한다.
3. 예쁜 그림을 그리는 게 아니고, 마음속의 그림을 그리라고 한다.
4. 옆 사람 그림을 보고 그리지 않도록 한다.
5. 무엇을 보고 그리거나, 만화로 그리거나, 뼈대만 그리는 그림(졸라맨 같은)은 그리지 않도록 한다.
6. 그림을 그리면서, 질문을 하면 그냥 생각나는 것을 그리라고 한다(자신이 그리고 싶은 것을 그리도록 한다).

● 집 그림	1. 1번 용지에 가로로 그리도록 한다. "지금부터 마음속에 생각나는 집을 그려 보세요." 2. 그린 후 질문을 한다. 집단검사일 경우, 질문하기가 어려우므로 질문지에 답을 적는 방식을 사용해도 좋다(질문 내용은 뒤에 별첨).

● 나무 그림	1. 2번 용지에 세로로 놓고 그리도록 한다. "눈을 감고 나무를 생각해 보세요. 머릿속에 떠오르는 나무를 그리세요." 2. 질문이나 질문지에 답하게 한다.
● 사람 그림	1. 3번 용지에 세로로 그리도록 한다. 2. "이제 사람 한 명을 그리세요. 사람은 전신을 그리세요." 3. 이 사람이 여자인지 남자인지를 묻고, 4번 용지에 3번과 반대 성의 사람을 그리라고 한다. 4. 질문이나 질문지에 답하게 한다.

집 그림 질문지

① 이 집에는 누가 살고 있나요?

② 이 집 근처에 무엇이 있나요?

③ 이 집에 살고 있는 가족들은 사이가 좋은가요?

④ 이 집에 살고 싶어요?

나무 그림 질문지

① 이 나무는 어떤 종류의 나무입니까?

② 나무가 몇 살이지요?

③ 이 나무 주변에는 무엇이 있나요?

④ 지금 날씨가 어떤가요?

⑤ 이 나무는 지금 싱싱한가요?

⑥ 이 나무는 어떤 사람을 닮았나요?

사람 그림 질문지(두 장 모두 질문한다.)

① 이 사람은 지금 몇 살인가요?

② 이 사람은 지금 무엇을 하고 있지요?

③ 이 사람은 건강한가요?

④ 이 사람은 행복한가요?

⑤ 이 사람은 친구가 많나요?

⑥ 이 사람을 보면 생각나는 사람이 있어요.

사례 - 1 (HTP)-①

집 그림 질문과 대답	① 이 집에는 누가 살고 있나요? 가족과 나. ② 이 집 근처에 무엇이 있나요? 꽃. ③ 이 집에 살고 있는 가족들은 사이가 좋은가요? 네. ④ 이 집에 살고 싶어요? 네.
집 그림에 대한 이해와 분석	집에 비해 크게 그려진 지붕은 무거운 느낌이 들며 굴뚝의 연기는 집안의 근심이나 어려움을 나타내기도 한다. 벽을 벽돌로 강조하여 두껍게 그린 것은 외부와의 차단을 의미하며, 작은 한 개의 창문과 생략된 현관문은 집 안의 분위기나 상황을 알리고 싶지 않은 무의식적 표현으로 볼 수 있다. 현관문이 그려 있지 않은 것은 대인관계에 어려움이 있을 수 있다.

사례 - 1 (HTP)-②

○ 나무 그림 질문과 대답	① 이 나무는 어떤 종류의 나무입니까? 체리나무. ② 나무가 몇 살이지요? 13살. ③ 이 나무 주변에는 무엇이 있나요? 버섯. ④ 지금 날씨가 어떤가요? 맑아요. ⑤ 이 나무는 지금 싱싱한가요? 싱싱해요. ⑥ 이 나무는 어떤 사람을 닮았나요? 나.
○ 나무 그림에 대한 이해와 분석	용지에 크게 그려진 나무는 집과 사람 그림에 비해 내적 자아 강도의 크기를 표현해 주고 있다. 줄기에 비록 상처의 흔적을 가지고 있지만 굵고 튼튼한 느낌을 준다. 작은 새둥지와 새의 표현은 안정감 있게 보호받고 싶은 욕구를 볼 수 있으며 과일은 애정을 원하는 마음으로 읽을 수 있다.

사례 - 1 (HTP)-③

사람 그림 질문과 대답	① 이 사람은 지금 몇 살인가요? 8살. ② 이 사람은 지금 무엇을 하고 있지요? 사과를 따고 있어요. ③ 이 사람은 건강한가요? 네. ④ 이 사람은 행복한가요? 네. ⑤ 이 사람은 친구가 많나요? 네. ⑥ 이 사람을 보면 생각나는 사람이 있어요? 엄마.
사람 그림에 대한 이해와 분석	하단에 작게 그려진 사람은 위축된 자아상으로 볼 수 있으며, 두 손에 들고 있는 과일은 자신이나 타인을 보상하며 관계 맺고자 하는 자신만의 방식일 수 있다.

사례 - 2 (HTP)-①

집 그림 질문과 대답	① 이 집에는 누가 살고 있나요? 나, 엄마, 아빠, ○○. ② 이 집 근처에 무엇이 있나요? 등불. ③ 이 집에 살고 있는 가족들은 사이가 좋은가요? 네. ④ 이 집에 살고 싶어요? 네.
집 그림에 대한 이해와 분석	벽을 나타내는 선이 끊어져 있고 기울어져서 넘어질 것 같은 불안함이 느껴진다. 집 밖의 또 다른 건물을 옆에 붙여 그려 넣으므로 쓰러질 것 같은 집을 지탱시키고 있는 것 같다. 집안의 계단 또한 불안을 의미하고 켜져 있는 등은 따뜻함, 밝음을 필요로 하는 소망으로 볼 수 있다.

사례 - 2 (HTP)-②

나무 그림 질문과 대답	① 이 나무는 어떤 종류의 나무입니까? 단풍나무. ② 나무가 몇 살이지요? 100살. ③ 이 나무 주변에는 무엇이 있나요? 울타리. ④ 지금 날씨가 어떤가요? 썰렁하고 춥고 바람이 분다. ⑤ 이 나무는 지금 싱싱한가요? 싱싱해요. ⑥ 이 나무는 어떤 사람을 닮았나요? 나.
나무 그림에 대한 이해와 분석	나무 주위에 울타리를 친 것은 외부로부터 공격을 막기 위해 방어벽을 두른 것으로 이해된다. 그러나 나무를 보호하기 위해 단절시킨 것이 오히려 나무를 외부로부터 고립시킬 수도 있다. 뿌리 부분과 가지 부분이 줄기와 단절되어 있어서 에너지의 흐름을 막고 있으며, 수관과 가지의 표현은 현실 적응의 어려움을 겪고 있음을 의미하기도 한다. 나무의 나이가 100살이라고 하는 것은 자신의 어리고 약한 부분에 대한 보상일 수도 있다.

사례 - 2 (HTP)-③

사람 그림 질문과 대답	① 이 사람은 지금 몇 살인가요? 7살. ② 이 사람은 지금 무엇을 하고 있지요? 안녕, 인사해요. ③ 이 사람은 건강한가요? 네. ④ 이 사람은 행복한가요? 네. ⑤ 이 사람은 친구가 많나요? 네. ⑥ 이 사람을 보면 생각나는 사람이 있어요? 나
사람 그림에 대한 이해와 분석	친구와 손을 잡고 있으므로 혼자 있는 불안을 희석시키고 있다. 의존적 성향으로 보이며 팔, 다리에 대한 표현은 통제력 부족이 보인다. 자동차를 가깝게 그린 것은 힘의 우월감을 표현하는 것이다.

사례 - 3 (HTP)-①

◎ 집 그림 질문과 대답	① 이 집에는 누가 살고 있나요? 가족. ② 이 집 근처에 무엇이 있나요? 들판. ③ 이 집에 살고 있는 가족들은 사이가 좋은가요? 네. ④ 이 집에 살고 싶어요? 아니오.
◎ 집 그림에 대한 이해와 분석	불안정하게 흔들리는 선들은 안정감이 없고 불안한 느낌을 준다. 추운 들판에 집이 있다는 것은 가족 간의 따뜻함과 안정감, 소속감의 부재를 나타낼 수 있다. 현관에 문고리가 생략되어 있음은 대인과의 상호작용에 어려움이 있는 듯하다.

사례 - 3 (HTP)-②

◎ 나무 그림 질문과 대답	① 이 나무는 어떤 종류의 나무입니까? 대나무. ② 나무가 몇 살이지요? 18살. ③ 이 나무 주변에는 무엇이 있나요? 돌멩이. ④ 지금 날씨가 어떤가요? 비가 와요. ⑤ 이 나무는 지금 싱싱한가요? 시들었음. ⑥ 이 나무는 어떤 사람을 닮았나요? 식당 주인.
◎ 나무 그림에 대한 이해와 분석	불안한 기저선으로 나무가 안정감이 없다. 줄기 둥지의 옹이들은 성장과정의 어려움을 나타내고 그런 옹이들은 외부 환경과 맞닿는 것을 차단하려는 경계심을 갖게 할 수도 있다. 가지의 생략은 자신이 처해 있는 환경과 적절하게 상호작용할 수 있는 공급원의 부재로 환경으로부터 스스로 얻고자 하는 욕구나 힘의 부재로 볼 수 있다. 많은 열매는 애정욕구를 나타낸다. 나무가 기울어져 있고 '시들었음'이라는 표현은 현재 힘겨움을 의미할 수 있다.

사례 - 3 (HTP)-③

◎ 사람 그림 질문과 대답	① 이 사람은 지금 몇 살인가요? 20살. ② 이 사람은 지금 무엇을 하고 있지요? 달리기 경주. ③ 이 사람은 건강한가요? 네. ④ 이 사람은 행복한가요? 네. ⑤ 이 사람은 친구가 많나요? 아니오(힘들어서). ⑥ 이 사람을 보면 생각나는 사람이 있어요? 친구.
◎ 사람 그림에 대한 이해와 분석	달리기 경주를 열심히 하는 사람이 "힘들어 보인다."라는 것은 무엇인가 목표를 향해 열심히 하지만 자발적인 즐거움과 거리가 있는 상황으로 이해된다. 머리에 끈을 질끈 묶은 것이 해야만 하는 투지 같기도 하다. 인물의 균형과 선들이 끊어져 있어 신체의 기능을 잘 수행할 수 없을 것 같다.

사례 - 4 (HTP)-①

○ 집 그림 질문과 대답	① 이 집에는 누가 살고 있나요? 엄마, 아빠, 언니, 동생 가족 다 있어요. 나도 있고. ② 이 집 근처에 무엇이 있나요? 관리사무소, 친구 집, 마트, 나무가 있어요. ③ 이 집에 살고 있는 가족들은 사이가 좋은가요? 사이가 굉장히 좋아요. 가끔 싸울 때도 있어요. ④ 이 집에 살고 싶어요? 굉장히 살고 싶어요.
○ 집 그림에 대한 이해와 분석	벽을 둘러싸고 있는 벽돌 무늬 같은 것은 취약한 집을 튼튼하게 막아 주려는 것 같지만 오히려 집안의 많은 걱정, 근심들이 외부세계와 소통을 막고 있으며 방어벽 자체의 힘을 감당하기 어려워 쓰러질 듯하다. 지붕 위의 하트 사인은 사랑으로 집이 덮이기를 강하게 소원하는 것 같다. 두꺼운 벽의 그림에 비해 활짝 열린 창문과 또렷하게 그려진 문 손잡이는 누군가와 강하게 소통하고 싶은 마음이 나타나 있다.

사례 - 4 (HTP)-②

나무 그림 질문과 대답	① 이 나무는 어떤 종류의 나무입니까? 사과나무. ② 나무가 몇 살이지요? 27살. ③ 이 나무 주변에는 무엇이 있나요? 사람, 전등, 나비 등이 있습니다. ④ 지금 날씨가 어떤가요? 가을. ⑤ 이 나무는 지금 싱싱한가요? 싱싱합니다. ⑥ 이 나무는 어떤 사람을 닮았나요? 아빠.
나무 그림에 대한 이해와 분석	뿌리는 무엇인가 내적 안정감을 지탱하고자 애쓰는 노력을 의미하고, 줄기의 선들이 여러 번 단절된 상태로 연결된 것이 성장과정 중의 어떤 특별한 사건들이 연속되어 있었다고 볼 수 있다. 수관에 핀 꽃과 열매들은 애정적 욕구와 성취욕구 소원들이며 지면에 떨어진 과일들은 소원이나 욕구들을 이루지 못한 좌절을 의미한다. 둥근 모양의 수관을 표현한 것으로 보아 대인관계의 융통성이 부족하여 타협점이 없이 반사적 반응을 하는 경향성이 보인다. 나무의 전체적 크기와 선의 필압으로 보아 과대 자기보상의 성향으로 빠지기 쉽기 때문에 자기주장과 주도성의 강점들을 잘 발휘할 수 있는 교육이나 양육을 제공해야 한다.

사례 - 4 (HTP)-③

사람 그림 질문과 대답	① 이 사람은 지금 몇 살인가요? 21살. ② 이 사람은 지금 무엇을 하고 있지요? 나비 구경. ③ 이 사람은 건강한가요? 건강. ④ 이 사람은 행복한가요? 행복. ⑤ 이 사람은 친구가 많나요? 많다. ⑥ 이 사람을 보면 생각나는 사람이 있어요? ○○○(친구 이름).
사람 그림에 대한 이해와 분석	머리카락의 꾸밈과 꽃 그림, 높은 구두를 신고 크게 그린 눈을 강조하여 그린 사람이 21살이라 한다는 것은 또래에 비해 자신의 성숙과 과시적 성향으로 주변의 누군가를 이상적 자아상으로 보고 있다는 것이다. 큰 눈을 통해 외부의 정보를 더 많이 얻고자 하는 태도와 자신의 손에 목이 졸려 있는 강아지는 내면의 통제당하는 자아상이기도 하며 또한 누군가를 통제하려는 마음이기도 하다.

사례 - 5 (HTP)-①

집 그림 질문과 대답	① 이 집에는 누가 살고 있나요? 사람. ② 이 집 근처에 무엇이 있나요? 나무랑 해요. ③ 이 집에 살고 있는 가족들은 사이가 좋은가요? 네. ④ 이 집에 살고 싶어요? 음… 네.
집 그림에 대한 이해와 분석	아파트를 그림(가정에서 따뜻함을 느끼지 못하는 아이들의 경우 아파트를 많이 그림. 가정과의 관계가 원만하지 못할 수 있음.)으로써 마치 자신은 집과 관련이 없고 동떨어져 있는 느낌이다. 자신의 집이 어디에 있는지 애매하게 표현함으로써 자신이 속한 가족 간의 정서적 느낌을 회피할 수 있기 때문이다.

사례 - 5 (HTP)-②

나무 그림 질문과 대답	① 이 나무는 어떤 종류의 나무입니까? 그냥 나무요. ② 나무가 몇 살이지요? 100살. ③ 이 나무 주변에는 무엇이 있나요? 나무만 있어요. ④ 지금 날씨가 어떤가요? 좋아요. ⑤ 이 나무는 지금 싱싱한가요? 네. ⑥ 이 나무는 어떤 사람을 닮았나요? 잘 모르겠어요.
나무 그림에 대한 이해와 분석	다른 모양의 세 그루를 그리며 무의식적 자아상을 회피하는 듯하지만 서로 함께해야 의지할 수 있는 의존적 모습으로 해석할 수 있다. 줄기 크기에 비해 작게 그려진 수관은 현실적인 적응에 있어 위축감을 나타낸다. 뿌리 부분의 단절은 내적 성장 에너지의 단절을 의미한다.

사례 - 5 (HTP)-③

사람 그림 질문과 대답	① 이 사람은 지금 몇 살인가요? 100살. ② 이 사람은 지금 무엇을 하고 있지요? 집 짓고 있어요. 포크레인이랑. ③ 이 사람은 건강한가요? 네. ④ 이 사람은 행복한가요? 네. ⑤ 이 사람은 친구가 많나요? 네. ⑥ 이 사람을 보면 생각나는 사람이 있어요? ○○○(친구 이름).
사람 그림에 대한 이해와 분석	동일한 인물이 동시에 집을 짓고 있다. 집을 짓는 과정은 내면의 성장과정을 의미할 수도 있지만 인물화에서 나타나는 자기상에 대한 회피로 볼 수도 있다. 각 인물의 움직임이 적극적이고 도전적이면서 어느 면에서는 위험스럽기까지 하다. 외적으로 활동량이 많은 아동으로 보인다.

사례 - 6 (HTP)-①

○ 집 그림 질문과 대답	① 이 집에는 누가 살고 있나요? 우리 가족. ② 이 집 근처에 무엇이 있나요? 없는데… 쓰레기 버리는 곳이요. ③ 이 집에 살고 있는 가족들은 사이가 좋은가요? 네. ④ 이 집에 살고 싶어요? 아니오.
○ 집 그림에 대한 이해와 분석	왼쪽 아래에 그려진 작은 좁은 집에서의 생활이나 상호작용에 위축감이 있을 수 있다. 지붕의 덧무늬는 가정 내의 근심이나 걱정이며 생략된 문 손잡이는 외부와의 단절을 나타낸다. 그러나 강한 필압을 사용하는 것은 위축감에 대한 분노를 갖고 있을 수 있다. "집 근처에는 쓰레기 버리는 곳이 있다."라는 말은 현재 가정에서 느끼는 강한 부정적 의미를 함축하고 있다고 볼 수 있다.

사례 - 6 (HTP)-②

○ 나무 그림 질문과 대답	① 이 나무는 어떤 종류의 나무입니까? 사과나무. ② 나무가 몇 살이지요? 100살이요. ③ 이 나무 주변에는 무엇이 있나요? 없어요. ④ 지금 날씨가 어떤가요? 잘 모르겠어요. ⑤ 이 나무는 지금 싱싱한가요? 잘 모르겠어요. ⑥ 이 나무는 어떤 사람을 닮았나요? 안 닮았어요.
○ 나무 그림에 대한 이해와 분석	왼쪽으로 치우쳐 길게 뻗어 있는 나무는 줄기의 긴 부분이 온통 상처로 쌓여 있으며 수관 부분 역시 엉켜 있는 것으로 보아 환경과의 에너지 교류가 거의 불가능한 상태로 보인다. 긴 줄기는 생략된 뿌리 부분과 수관 부분에 적절하게 연결되어 있지 않기 때문에 내적, 외적 에너지 흐름이 단절되어 있다. 그렇기 때문에 정서, 감정의 흐름과 신체적 성장의 원활한 교류가 어렵다고 보인다. 지금의 척박한 환경에서도 뭔가를 이루어 보고자 하는 끈질긴 생명력을 가지려는 부단한 애씀이 있음을 느끼게 한다.

사례 - 6 (HTP)-③

사람 그림 질문과 대답	① 이 사람은 지금 몇 살인가요? 7살. ② 이 사람은 지금 무엇을 하고 있지요? 안녕. 나 여기 있다! ③ 이 사람은 건강한가요? 네. ④ 이 사람은 행복한가요? 네. ⑤ 이 사람은 친구가 많나요? 많아요. ⑥ 이 사람을 보면 생각나는 사람이 있어요? ○○○(친구 이름).
사람 그림에 대한 이해와 분석	왼쪽 아래에 그려진 사람은 무엇인가 위축되어 있을 때의 특징이다. 그러나 강한 필압과 비율적으로 큰 손과 팔을 위로 번쩍 들고 있는 모습이 항복이라는 사인이 느껴지면서도 뭔가 자신의 힘을 과시하고자 하려는 보상적 의미가 보인다. 가슴의 원은 마치 가슴이 뻥 뚫린 것 같은 느낌을 준다. 다리의 덧칠된 선들은 무엇인가의 금지와 부정의 의미를 갖는다.

사례 - 7 (HTP)-①

집 그림 질문과 대답	① 이 집에는 누가 살고 있나요? 아빠. ② 이 집 근처에 무엇이 있나요? 나무. ③ 이 집에 살고 있는 가족들은 사이가 좋은가요? 좋아요. ④ 이 집에 살고 싶어요? 살고 싶어요.
집 그림에 대한 이해와 분석	화지를 기저선으로 하여 그려진 집은 안정감을 추구하려는 동기로부터 표현된 것이다. 선이 절제된 직선이 아니라 빠르게 그으면서 흔들리는 선을 사용한 것으로 보아 충동성이 보이지만, 주도성과 의욕적인 강점을 나타내기도 한다. 전반적 비례로 보아 조금 높게 그려진 문과 창문은 가까이 접근하기에 어려워 보이지만, 창문의 세부 묘사와 현관문의 강조는 외부환경과 상호작용을 하고자 하는 관심과 시도이면서도 커튼을 그린 것은 자신의 의지에 따라 철수할 수 있는 경향성이 보인다.

사례 - 7 (HTP)-②

○ 나무 그림 질문과 대답	① 이 나무는 어떤 종류의 나무입니까? 소나무. ② 나무가 몇 살이지요? 11살. ③ 이 나무 주변에는 무엇이 있나요? 사람들. ④ 지금 날씨가 어떤가요? 봄. ⑤ 이 나무는 지금 싱싱한가요? 싱싱해요. ⑥ 이 나무는 어떤 사람을 닮았나요? 아빠.
○ 나무 그림에 대한 이해와 분석	전반적인 분위기는 왜소하고 쓸쓸한 느낌이다. 지면에 가늘게 그린 뿌리는 지우개로 지워진 상태로 크지 않은 나무지만 지탱하기에 버거워 작은 바람에도 불안해 보인다. 떨어지는 낙엽과 바람은 상실감으로 볼 수 있으며, 현실유지의 힘겨움을 반영한 듯하다. 줄기의 필압이 약한 상태의 끊어지고 연결된 선들은 허약한 자아 강도나 만성적 불안감을 느끼게 한다. 끊어진 선을 표현한 줄기와 연장된 끊어진 약한 필압의 가지와 끝이 잘린 선은 현실 환경에 적응의 어려움과 순응하려는 심리라 볼 수 있다.

사례 - 7 (HTP)-③

◎ 사람 그림 질문과 대답	① 이 사람은 지금 몇 살인가요? 9살. ② 이 사람은 지금 무엇을 하고 있지요? 핸드폰. ③ 이 사람은 건강한가요? 건강함. ④ 이 사람은 행복한가요? 행복. ⑤ 이 사람은 친구가 많나요? 많아요. ⑥ 이 사람을 보면 생각나는 사람이 있어요? ○○○(친구 이름).
◎ 사람 그림에 대한 이해와 분석	머리카락을 꼬부려가며 잘록한 허리 치마장식을 하면서 자신을 특별한 모습으로 꾸며 보고 싶은 소원이 있다. 윙크하는 표정은 자신의 감정을 나타내지 않으며 시선을 집중시킬 수 있는 장점이 있다. 팔이 짧게 그려져 의존적 성향으로 볼 수 있으나 이 또래들의 정상적인 인물 비율의 특징으로 볼 수도 있다. 그러나 사람이 왼쪽 아래로 쏠려 그린 것은 위축감을 나타낼 수 있다.

사례 - 8 (HTP)-①

○ 집 그림 질문과 대답	① 이 집에는 누가 살고 있나요? 아빠, 엄마, 나, 동생. ② 이 집 근처에 무엇이 있나요? 놀이터 ③ 이 집에 살고 있는 가족들은 사이가 좋은가요? 네. ④ 이 집에 살고 싶어요? 네.
○ 집 그림에 대한 이해와 분석	계단이 있는 2층 큰집은 충분히 과시적인 성향임을 보여 주고 있다. 지붕 위에 하트와 별의 사인은 특별한 존재로 인정받고 싶은 욕구로 볼 수 있으며, 큰 문과 크고 많은 창문은 사회적 접촉을 통해 타인에게 인상적인 존재로 인정받고 싶은 욕구를 나타낸다. 화지에 비해 크게 그려진 집은 자신을 드러내고자 하는 마음이다. 지붕 위의 굴뚝과 연기는 집안의 걱정을 나타내고, 크고 넓게 그린 창문은 외부를 경계하지 않고 열어둠으로써 내면의 경계선을 지키지 못할 수 있다.

사례 - 8 (HTP)-②

나무 그림 질문과 대답	① 이 나무는 어떤 종류의 나무입니까? 가족 나무. ② 나무가 몇 살이지요? 다 달라요. ③ 이 나무 주변에는 무엇이 있나요? 아무것도 없는데. ④ 지금 날씨가 어떤가요? 좋아요. ⑤ 이 나무는 지금 싱싱한가요? 네. ⑥ 이 나무는 어떤 사람을 닮았나요? 잘 모르겠어요.
나무 그림에 대한 이해와 분석	강하고 거대하며 위협적인 느낌을 갖게 한다. 환경을 위협할 것 같은 분위기지만 여러 그루를 그려 놓은 것은 혼자보다 뭔가 혹은 누군가에게 의지하려는 경향으로 의존성을 읽을 수 있다. 줄기에 강한 선들이 방어벽, 자기를 투명하게 드러내는 것을 감추려는 속내처럼 보인다. 둥근 옹이 같은 것이 다람쥐 집이라는 설명은 보호받을 수 있는 자신만의 안식처를 필요로 하고 있는 것이다. 강한 필압과 정확한 선의 그림은 강하고 주도성이 있는 강점을 가지고 있지만 내면의 차단과 방어가 있는 한 나무가 가지고 있는 에너지를 충분히 발휘할 수 없게 된다.

사례 - 8 (HTP)-③

사람 그림 질문과 대답	① 이 사람은 지금 몇 살인가요? 20살. ② 이 사람은 지금 무엇을 하고 있지요? 운전하고 있어요. ③ 이 사람은 건강한가요? 네. ④ 이 사람은 행복한가요? 네. ⑤ 이 사람은 친구가 많나요? ⑥ 이 사람을 보면 생각나는 사람이 있어요? 친구.
사람 그림에 대한 이해와 분석	20살 여자가 운전을 하고 있는 모습은 빨리 어른이 되어 주도적인 일을 하고 싶고 타인에게 과시적인 존재가 되고 싶은 마음이다. 자동차에 표현된 무늬가 규칙적으로 그려져 있어 규칙, 계획, 예측 가능을 선호하는 성향이 있을 수 있다고 본다.

사례 - 9 (HTP)-①

◎ 집 그림 질문과 대답	① 이 집에는 누가 살고 있나요? 우리 가족이 살고 있어요. ② 이 집 근처에 무엇이 있나요? 강아지 집이 있어요. ③ 이 집에 살고 있는 가족들은 사이가 좋은가요? 좋을 때도 있어요. ④ 이 집에 살고 싶어요? 네.
◎ 집 그림에 대한 이해와 분석	환상적인 집을 그려 넣음으로 집의 개념을 이상화시킨 것처럼 보인다. 별, 하트, 리본의 표현은 과보상적으로 보여 현실적인 집에 대한 감정을 회피하는 것 같다. 창문의 수가 많은 것은 타인의 관심을 받고 싶은 마음을 나타낸다.

사례 - 9 (HTP)-②

○ 나무 그림 질문과 대답	① 이 나무는 어떤 종류의 나무입니까? 열매가 있지요. ② 나무가 몇 살이지요? 38살. ③ 이 나무 주변에는 무엇이 있나요? 의자가 있어요. ④ 지금 날씨가 어떤가요? 해가 있어요. ⑤ 이 나무는 지금 싱싱한가요? 싱싱해요. ⑥ 이 나무는 어떤 사람을 닮았나요? 머리를 닮았어요.
○ 나무 그림에 대한 이해와 분석	굵고 큰 줄기는 튼튼하게 자라는 나무의 모습을 나타내고 있지만, 지면에 허약하게 지탱하고 있는 뿌리 부분은 내적 에너지를 공급하기에 역부족 같다. 많은 과일과 낙하된 과일은 애정 욕구의 표현과 욕구에 대한 상실감으로 보인다.

사례 - 9 (HTP)-③

◎ 사람 그림 질문과 대답	① 이 사람은 지금 몇 살인가요? 열한 살이에요. ② 이 사람은 지금 무엇을 하고 있지요? 친구를 기다려요. ③ 이 사람은 건강한가요? 네. ④ 이 사람은 행복한가요? 너무 행복해요. ⑤ 이 사람은 친구가 많나요? 네. ⑥ 이 사람을 보면 생각나는 사람이 있어요? 네.
◎ 사람 그림에 대한 이해와 분석	왼쪽으로 치우친 인물상에 팔과 다리의 생략은 의존적이며 수동적인 자신의 모습을 나타낸다고 볼 수 있다. 또한 눈을 생략하듯 선으로 긋고 감정을 나타내지 않으려는 것은 현실을 회피하려는 것으로 보일 수 있다.

사례 - 10 (HTP)-①

집 그림 질문과 대답	① 이 집에는 누가 살고 있나요? ○○이 형이 살고 있어요(고모 아들). 고양이랑 고모랑 ○○이 형이랑 ○○ 누나랑 고모부가 살아요. ② 이 집 근처에 무엇이 있나요? 누가 사는 것 같진 않고 주차장이 있었어요. ③ 이 집에 살고 있는 가족들은 사이가 좋은가요? 사이가 좋아요. ④ 이 집에 살고 싶어요? 살고 싶어요.
집 그림에 대한 이해와 분석	왼쪽 아래에 그려진 집은 위축감이 있으며, 빈약한 표현은 가족과의 관계에 친밀감, 안정감 등이 부족하다는 것을 알 수 있다. 또한 집에는 자신과 가족이 살고 있지 않으며, 친척이 살거나 아무도 살고 있지 않다고 말한 것으로 볼 때 집과 가족에 대한 소속감이 부재되어 있거나 거리를 두고 싶어 하는 마음으로 읽을 수 있다.

사례 - 10 (HTP)-②

나무 그림 질문과 대답	① 이 나무는 어떤 종류의 나무입니까? 솔방울이 열린 소나무. ② 나무가 몇 살이지요? 18살. ③ 이 나무 주변에는 무엇이 있나요? 다람쥐. ④ 지금 날씨가 어떤가요? 햇볕이 쨍쨍한 날씨. ⑤ 이 나무는 지금 싱싱한가요? 싱싱해요. ⑥ 이 나무는 어떤 사람을 닮았나요? 우리 아빠 닮았어요.
나무 그림에 대한 이해와 분석	줄기와 수관의 크기에 비해 빈약한 뿌리는 나무를 성장시키기에는 역부족인 버거움을 나타낸다. 줄기의 큰 구멍은 무엇으로부터 보호받고 안정감을 얻고자 하는 욕구로 보인다. 가지가 생략된 것은 현실적으로 이룰 수 있는 욕구나 힘의 부재이다. 주렁주렁 매달린 과일들은 강력한 애정 욕구로 보인다.

사례 - 10 (HTP)-③

○ 사람 그림 질문과 대답	① 이 사람은 지금 몇 살인가요? 39살. ② 이 사람은 지금 무엇을 하고 있지요? 산책. ③ 이 사람은 건강한가요? 건강해요. ④ 이 사람은 행복한가요? 행복해요. ⑤ 이 사람은 친구가 많나요? 친구 많아요. ⑥ 이 사람을 보면 생각나는 사람이 있어요? 우리 아빠.
○ 사람 그림에 대한 이해와 분석	인물의 위치가 용지 아래쪽으로 그려질 때 불안정감, 우울 경향, 신경증 가능성 등을 유념해야 하는데, 필압의 정도로 보아 우울이나 신경증은 배제할 수 있겠으나 나무 그림, 집 그림에서 표현된 사인으로 미루어 불안정감에 의한 것으로 이해할 수 있겠다. 불균형감이 있는 양팔과 큰 주먹으로 강조된 손이 특별하게 보인다. 큰 눈동자는 외부세계에 대한 감시와 같은 느낌을 준다.

S-M HTP

검사배경

태양과 산은 부모에 대한 상징성과 HTP 해석기준을 적용하여 아동이 자신의 환경에서 어떤 자아상을 가지고 있는지를 알 수 있으며, 물리적·심리적 환경이 어떠한지를 읽을 수 있다.

검사방법

준 비 물 A4 용지, 크레파스

지시내용 1. 종이 위에 태양, 산, 집, 나무, 사람을 그려보세요.
2. 자유롭게 그려보세요.

태양 그림 질문지

① 날씨는 어떤가요?

② 그림 속은 몇 시 정도 되었나요?

산 그림 질문지

① 산 너머에는 무엇이 있을까요?

② 이 산은 오르기 쉬운가요? 어려운가요?

③ 이 산에는 어떤 나무가 있나요?

④ 산속에는 어떤 동물이 살고 있을까요?

사례 - 1 (S-M HTP)

○ 산 그림 질문과 대답	① 느낌이 어떤가요? 신나요. ② 이 사람은 지금 무엇을 하고 있지요? 날아가고 있어요. 점프해서 이제 대결할 거예요. ③ 이 집은 누구의 집인가요? 내 집. ④ 이 산은 오르기 쉬운가요? 아니오. 어려워요.
○ 산 그림에 대한 이해와 분석	자신의 남자다움을 힘의 과시로 드러내려는 성향이 있다. 집, 사람, 나무들이 모두 산 비탈길에 세워져 있는 것으로 보아 불안감이 나타나 있다. 인물들이 하늘로 치솟아 대결을 벌이는 장면을 내적 충동이나 대결에 대한 투사를 표현했다고 볼 수 있다. 귀퉁이에 작게 그려진 태양은 아동의 충동적 행동에 영향력이 너무 작게 느껴진다. 또한 이런 유아적 환상이 탐험심이나 모험심, 긍정적 경쟁심으로 발전할 수 있도록 안정감을 제공해 줄 필요가 있다.

사례 - 2 (S-M HTP)

산 그림 질문과 대답	① 그림의 제목을 지어준다면? 멍멍이가 짖는 산. ② 왜 그렇게 지었나요? 개가 무서워서 짖고 있어요. ③ 이 집에는 누가 살고 있나요? 나랑 우리 가족이요. ④ 이 나무는 무슨 나무인가요? 해를 좋아하는 나무요.
산 그림에 대한 이해와 분석	태양의 열이 너무 세서 나무가 타들어갈 듯이 표현되었고, 집 또한 산 중턱에 떠 있는 듯 위태롭게 보인다. "개가 무서워 짖고 있다."는 말은 아동이 느끼는 불안감과 그 불안에 대처하는 자신의 대처방식을 나타낸다. 타들어 갈 듯한 태양의 표현은 부모의 양육과 관련해 고려해 볼 필요가 있다.

사례 - 3 (S-M HTP)

○ 산 그림 질문과 대답	① 날씨는 어떤가요? 따뜻해요. ② 이 사람은 누구인가요? 저요. ③ 무엇을 하고 있지요? 편지를 전해주려고 해요. ④ 어떤 기분인가요? 좋아요. ⑤ 산 너머에는 무엇이 있을까요? 편지를 기다리는 사람이 있어요. 엄마.
○ 산 그림에 대한 이해와 분석	집과 나무에 비해 강렬하고 크게 그려진 사람이 손을 강조한 오른손에 자신이 쓴 종이를 들고 서 있다. 자기중심적 성향이며 자기의 성과를 강력하게 어필하려는 의도로 읽을 수 있다. 사람보다 작게 그린 집에는 하트 무늬와 분홍색을 칠하였는데, 애정을 갈구하는 욕구로 볼 수 있으며 수관이 제대로 자라지 못한 나무의 그림은 내적 자아의 원활한 성장이 어려운 것처럼 보인다.

사례 - 4 (S-M HTP)

산 그림 질문과 대답	① 이 그림의 제목은 무엇인가요? 나무랑 사람. ② 이 사람은 누구인가요? 나요. ③ 무슨 생각을 하고 있어요? 잘 모르겠어요.
산 그림에 대한 이해와 분석	거대한 나무가 중앙에 크게 그려져 있지만 기울어진 채로 수관도 발달하지 못하고 튼튼해 보이지 않는다. 자기중심적인 성향처럼 보이고 지리멸렬한 느낌으로 어느 것 하나 튼튼한 에너지를 갖지 못하고 안정감이 없어 보인다. 그런 가운데 인물화를 또렷하게 그린 것은 자신을 드러내 보이고자 하는 성향을 읽을 수 있다.

사례 - 5 (S-M HTP)

태양 그림 질문과 대답	① 이 그림 속 날씨는 어떤가요? 좋아요. ② 이 사람은 무엇을 하고 있어요? 등산을 할 건데 산이 너무 높아요. ③ 이 사람의 기분은 어떤가요? 힘들어요.
태양 그림에 대한 이해와 분석	높은 산들과 강렬한 태양, 공 등은 공격성, 경쟁심, 이루고자 하는 과업을 나타내는 반면 불분명한 집의 형태나 화초같이 생긴 나무, 보라색 사람, 공 등은 병적이며 허술한 양가감정이 나타나고 있다. 강렬한 태양으로부터 3개의 산을 장애물 삼아 피하고 있는 듯한 표현은 가족 환경 내에서 부모님의 잦은 싸움과 엄마의 강한 파워에 아동은 성장의 방해를 받는 모습같이 보인다.

사례 - 6 (S-M HTP)

사람 그림 질문과 대답	① 이 그림 속에 누가 있나요? 엄마랑 나랑 있어요. ② 무엇을 하고 있어요? 이제 집에 가요. 백화점 갔다가. ③ 이 나무는 어떤 나무인가요? 그냥 나무에요. 우리 아파트 앞에 있는.
사람 그림에 대한 이해와 분석	집과 사람과 나무가 한 덩어리가 되어 서로 붙어 있으며 의지하려는 느낌이 든다. 마치 자신을 중심으로 엄마, 집, 나무가 둘러싸여 있어 자신의 자율성이 통제당하는 것 같다. 엄마의 외모와 자신을 똑같이 그려 넣음으로써 엄마와의 동일시를 통해 자신을 인지하는 것으로 보인다.

◎ 태양 그림 질문과 대답	① 그림 속 사람은 누구인가요? 저요. ② 무엇을 하고 있나요? 나무그늘에서 무지개를 보고 있어요. ③ 그림 속 계절은 무엇인가요? 여름이요. ④ 그림의 제목을 짓는다면 무엇일까요? 무지개 뜬 하늘.
◎ 태양 그림에 대한 이해와 분석	"나무 그늘에서 무지개를 보고 있어요." 강렬하게 비치는 태양 밑에 만년설이 상충하고 있는 느낌이다. 아버지의 강렬한 영향력을 인지하면서도 그 영향력을 받고 싶지 않은 의미로 느껴진다. 그늘에서 쉬고 싶다는 표현은 태양의 영향으로부터 벗어나고 싶은 현재의 감정을 나타낸다. 집이 창문만 있고 입구가 없는 것은 소통의 어려움을 볼 수 있다. 허술하게 표현된 집은 안정감 부재로 보인다. 죄수 같은 느낌의 옷과 과장되게 그려진 큰 주먹은 부성에 대한 거부감의 표현으로 간주된다. 그러나 커다란 무지개 그림은 유아가 희망적인 소망을 갖고 있음을 알 수 있다.

산 그림 질문과 대답	① 그림 속에 누가 있나요? 엄마랑… 엄마가 있어요. ② 엄마는 무엇을 하고 있나요? 도끼를 들고 나무를 베고 있어요. ③ 이 산은 오르기 쉬운가요? 어려운가요? 어려워요.
산 그림에 대한 이해와 분석	작게 그려진 태양의 영향을 초록색이 가로막고 있으므로 아버지에 대한 영향이 축소되어 보인다. 반복적인 둥근 산과(엄마 상징) 엄마가 도끼를 들고 나무를 베고 있다는 것은 모성의 공격성에 불안을 느끼는 유아의 심정이 표현되어 있다.

○ 태양 그림 질문과 대답	① 그림 속 날씨는 어떤가요? 해가 쨍쨍 비치고 맑아요. 좀 더워요. ② 그림 속 사람들은 누구인가요? (위에서부터) 아기, 언니, 엄마, 아빠. 이 아기가 나예요. ③ 사람들은 무엇을 하고 있나요? 아기를 찾고 있어요. ④ 이 산은 오르기 쉬운가요? 어려운가요? 아니오. 어려워요.
○ 태양 그림에 대한 이해와 분석	삼각형의 커다란 산 위에 나무와 나무 사이에 자신을 그려 넣고 있다. 마치 아버지(삼각형 산)를 정복하고자 하는 무의식적인 욕구를 표현한 것 같으면서도 자신을 아기라고 표현한 것에서 양가적인 마음을 읽을 수 있다. 가족들이 자신을 찾고 있는 표현은 가족의 구성원이 되고자 하는 마음과 성장하고 독립하려는 두 개의 마음을 표현한 것으로 볼 수 있다. 아기로 자신을 표현하는 것은 퇴행하고 싶은 마음을 의미하기도 한다.

◎ 태양 그림 질문과 대답	① 그림 속 날씨는 어떤가요? 흐려요. ② 그림 속 사람은 무엇을 하고 있나요? 활을 쏘려고 해요. ③ 그림 속 나무는 싱싱한가요? 아니요. 쓰러질 것 같아서 구하러 가요.
◎ 태양 그림에 대한 이해와 분석	삼각형의 산을 오르고 있는 사람은 마치 아버지를(삼각형 산) 정복하고자 하는 무의식적 욕구의 표현이다. 태양이 자신에게 직접 비치지 못하도록 중간에 구름을 그려넣음으로써 아버지(태양)의 영향으로부터 벗어나고자 하는 것을 읽을 수 있다. 자아상을 나타내는 나무가 위태롭게 그려져 있는 것을 삼각형 모양의 집이 받쳐주고 있는 것은 아버지에 대한 양가적인 감정을 알 수 있다.

물고기 가족화

검사배경

가족 간의 상호관계와 가족의 개인적 특징들을 물고기로 그리는 동안 방어를 하지 않고 상징적인 특징으로 잘 나타날 수 있다.

검사방법

준 비 물 A4 용지, 4B 연필, 지우개

지시내용 1. 종이를 세로로 놓고 큰 어항을 그리세요.

2. 우리 가족이 모두 물고기라면 어떨까요? 우리 가족을 물고기로 표현해 보세요. 가족들이 어떤 모습으로 무엇을 하고 있나요.

3. 가족 물고기 아래에 아빠, 엄마, 나, 형제라고 적어 주세요.

4. 어항을 꾸며 주는 그림을 그려도 됩니다.

어항 그림 질문지

① 각각의 물고기는 누구인가요?

② 각각의 물고기는 무엇을 하고 있나요?

③ 각각의 물고기는 어떤 기분일까요? 무슨 생각을 하고 있나요?

④ 자유롭게 그려 넣은 것은 무엇인가요?

사례 - 1 (물고기 가족화)

어항 그림 질문과 대답	① 각각의 물고기는 누구인가요? 나, 엄마, 아빠, 남동생. ② 이 물고기는 무슨 생각을 하고 있나요? 둥둥 헤엄치자. ③ 이것은 무엇인가요? (외부와 연결된 제일 좌측 표상) 공기 나오는 거요.
어항 그림에 대한 이해와 분석	나를 가장 자세히 그리고 크게 그려 넣음으로써 자신의 위치와 영역에 대한 사인을 나타내었다. 나에게 가장 중요한 존재는 엄마일 뿐, 아버지와 남동생에 대한 존재는 대충 그리고 자신보다 아래쪽에 그려 넣음으로써 상대적으로 약화시켰다. 어항 속이 답답하지 않도록 공기를 주입함은 현재 가족의 분위기를 대변하고 있다고 볼 수 있다.

사례 - 2 (물고기 가족화)

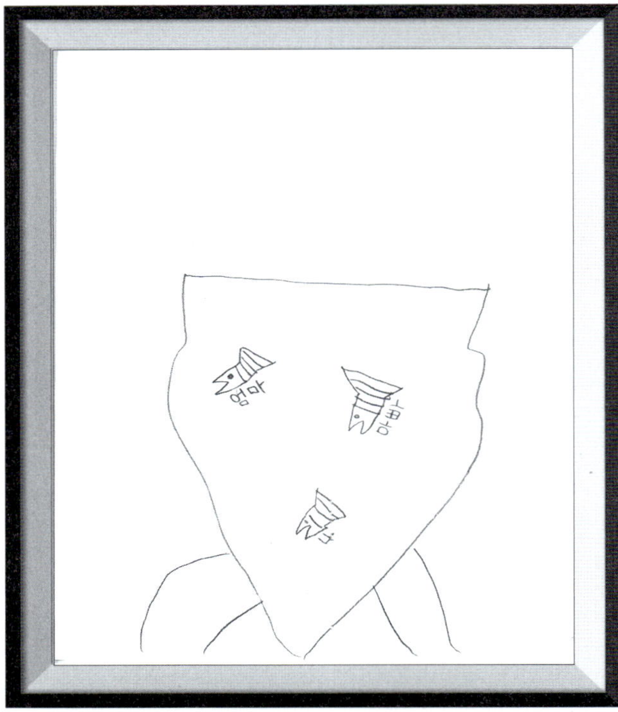

어항 그림 질문과 대답	① 각각의 물고기는 누구인가요? 아빠, 엄마, 나. ② 자유롭게 그려 넣은 것은 무엇인가요? 어항이 넘어질까 봐 받침대를 그렸어요.
어항 그림에 대한 이해와 분석	어항이 넘어질 것 같은 뾰족한 모양이고 양쪽으로 지탱해 주는 받침대를 그려 넣음으로 안정감을 주었다. 가족이라는 환경의 불안한 감정이 나타난 것으로 볼 수 있다. 줄무늬가 있는 물고기들이 똑같은 외모를 취함으로 동질감을 갖도록 했지만 서로 관련 없는 방향으로 그려 넣음으로 가족 간 상호작용의 부재를 느낄 수 있다.

사례 - 3 (물고기 가족화)

◎ 어항 그림 질문과 대답	① 각각의 물고기는 무엇을 하고 있나요? 엄마는 아기보고 빨래 너는데 장난치지 말라고 하고 아빠랑 형은 그냥 있어요. ② 자유롭게 그려 넣은 것은 무엇인가요? 어항 밖에 고양이가 있어요.
◎ 어항 그림에 대한 이해와 분석	매우 산만한 표현으로 물고기 가족화라는 주제를 희석시켜 물고기 가족화를 통해 나타날 수 있는 가족 간의 관계를 회피하는 듯한 느낌이 든다. 자신 물고기를 생략한 채 아빠와 형은 같은 공간에 두고, 엄마 물고기가 빨래를 널고 있는 모습을 그리며 가족으로부터 소외되어 있다. 덩달아 아기는 누구에게도 관심을 받지 못하는 공간에 있으므로 돌봄을 받고 있지 못한 것을 알 수 있다. 어항 밖의 고양이는 물고기들을 위기에 빠뜨릴 수 있는 요인으로 가정의 위기감을 표현한 듯하다.

사례 - 4 (물고기 가족화)

어항 그림 질문과 대답	① 각각의 물고기는 누구인가요? 엄마, 나, 아빠, 동생. ② 자유롭게 그려 넣은 것은 무엇인가요? 불가사리랑 조개요.
어항 그림에 대한 이해와 분석	특이한 모양의 어항이 비스듬히 그려져 조금은 불안정해 보이지만, 나름대로 창의적인 성향으로 볼 수 있다. 본인은 엄마의 뒤를 일방적으로 쫓고 있는 반면 아버지와 남동생은 서로 마주 보며 상호작용이 이루어지고 있다.

사례 - 5 (물고기 가족화)

어항 그림 질문과 대답	① 각각의 물고기는 누구인가요? 아빠, 나, 엄마, 큰 외사촌, 오빠, 작은 외삼촌. ② 자유롭게 그려 넣은 것은 무엇인가요? 없어요. ③ (어항 위를 가리키며) 이것은 무엇인가요? 어항 뚜껑이에요. 물고기들이 나갈까 봐….
어항 그림에 대한 이해와 분석	남자 물고기, 여자 물고기에 대한 구별을 리본과 나비 넥타이를 표현한 것으로 보아 여성성과 남성성에 대한 인식을 형성하는 성장과정으로 보인다. 많은 물고기에 비해 어항의 물이 적어 좁고 답답한 느낌이 있으며 게다가 어항 꼭지를 무겁게 닫아 놓아 더 답답하게 느껴진다. 물고기 중 자신을 가운데 크게 그려 넣어 가족의 관심을 집중적으로 받고 싶은 마음이 표현되었다.

사례 - 6 (물고기 가족화)

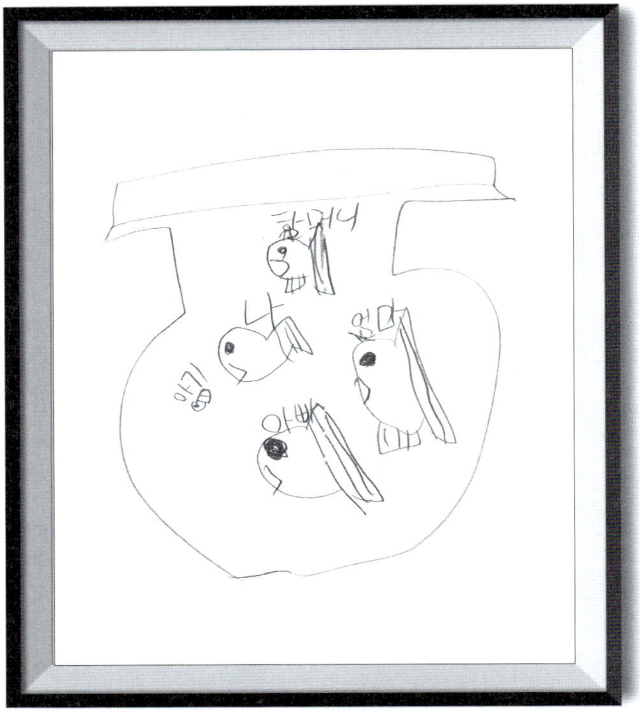

어항 그림 질문과 대답	① 각각의 물고기는 누구인가요? 할머니, 나, 아기, 엄마, 아빠요. ② 나 물고기는 기분이 좋은가요? 네.
어항 그림에 대한 이해와 분석	가족의 서열이 할머니가 우선이고 다음은 나, 엄마, 아빠의 순서의 체계로 그려 넣었다. 자신이 할머니의 관심 대상에서 우선순위임을 읽을 수 있다. 아빠를 마지막에 그렸지만 크기로는 가장 크게 그렸기 때문에 집 안에서의 아버지 위치를 이해할 수 있다.

사례 - 7 (물고기 가족화)

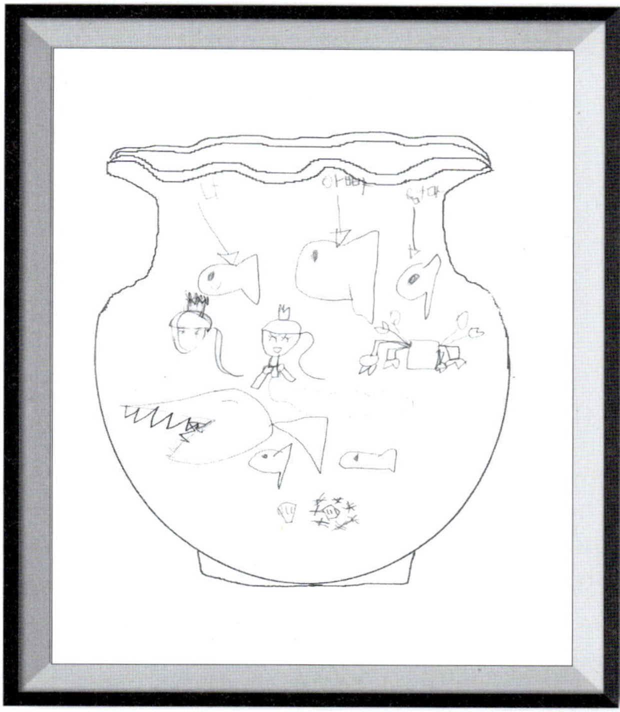

◎ 어항 그림 질문과 대답	① 각각의 물고기는 누구인가요? 나, 아빠, 엄마(위), 무서운 물고기, 부하들.
◎ 어항 그림에 대한 이해와 분석	물고기 그림 순서로 보았을 때는 본인이 앞에 그려져 있는 것으로 보아 부모로부터의 관심과 우선순위가 첫 번째인 것을 나타낸다. 그러나 그것은 소망을 나타낸 것일 수도 있다. 특히 이가 달린 커다란 물고기는 누군가를 삼켜버릴 수 있는 대상을 의미하거나 공격성을 나타내는 것일 수도 있다. 작은 조개비를 특별하게 보호하려는 표현은 강한 물고기와 대조를 보인다.

사례 - 8 (물고기 가족화)

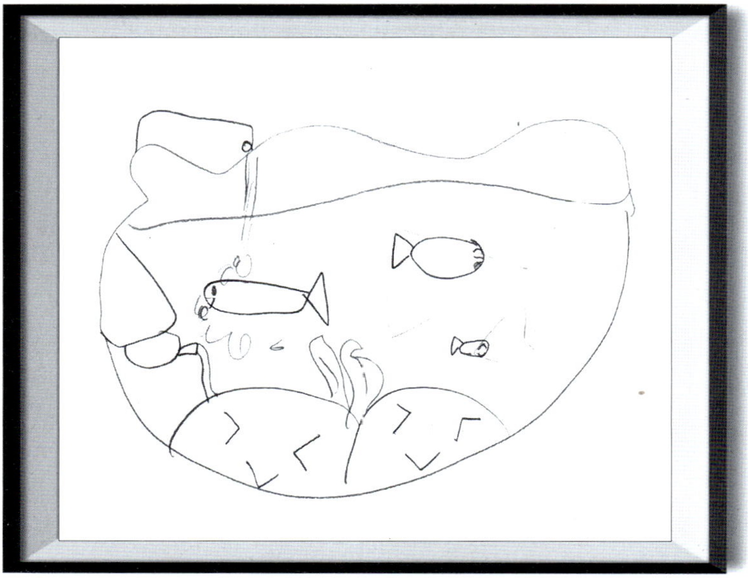

그림 분석

어항 밖으로부터 새로운 물이 투입되고 있는 의미는 가족 내에서 받을 수 없는 에너지와 순환을 공급받고자 하는 욕구의 표현으로 볼 수 있다. 물고기들이 서로 다른 방향으로 그려져 있는 것은 가족 내의 상호작용이 부족함으로 볼 수 있다. 가족 내의 걱정의 상징이 어항 밑에 커다란 돌 두 개로 묘사되고 있다.

사례 - 9 (물고기 가족화)

그림 분석

그림에서 나타나는 첫인상은 혼돈과 무질서이다. 이렇게 불규칙적인 선으로 그림을 덮는 것은 무엇인가 감추고자 하는 마음을 표현하는 것으로 볼 수 있다. 가족들을 '게'로 표현한 것은 가족 내의 공격성을 암시하는 듯하다.

사례 - 10 (물고기 가족화)

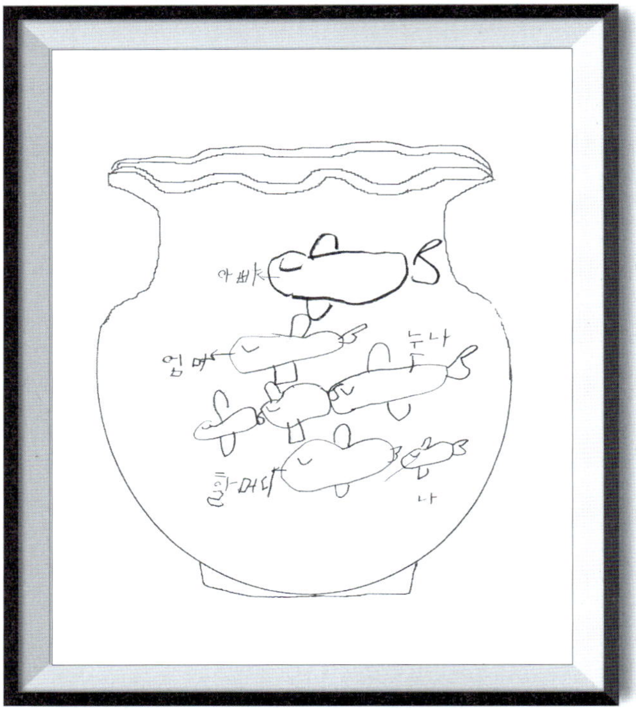

그림 분석

물고기의 크기와 순서를 아빠가 가장 크고 가장 첫 번째이며 '나'는 가장 구석에 그린 것으로 보아서는 가족 내의 자신의 존재감을 가장 작게 느끼고 있다는 것을 의미한다. 물고기들이 모두 눈을 감고 있는 표현은 가족 내의 감정을 회피하고 있는 것처럼 보인다. 부모와 상호작용이 단절되어 있으므로 자신감이 부족하거나 위축감을 느끼고 있는 유아로 보인다.

동적 가족화

검사배경

가족 그림에 행동을 부여함으로써 양적·질적인 유효한 정보를 얻을 수 있다.
움직임을 추가함으로써 아동의 자아개념 측면과 대인관계의 영역에 자신의 감정이 표출되게 된다.

검사방법

준 비 물 A4 용지, 4B 연필, 지우개

지시내용
1. "나와 형제들, 엄마, 아빠 등 가족 모두가 무엇인가를 하고 있는 그림을 그리세요. 꼭 무슨 일을 하고 있는 그림이어야 해요. 자기 자신도 그려 넣는 것 잊지 마세요."
2. 그림을 그리고 난 후, 그림 속 등장인물들이 누구인지 그림 아래 적는다(그림을 그린 순서도 적게 한다).
3. 그림 뒷면에 가족 중 그리지 않은 사람이 있으면 누구인지 적는다.
4. 그림 뒷면에 가족이 아닌데 그려 넣은 사람이 있으면 누구인지 적는다.
5. 무엇을 하고 있는 그림인지 적도록 한다.

사례 - 1 (동적 가족화)

그림 분석

- 아빠는 자동차를 고치고 있어요.
- 나는 텔레비전을 보고 있어요.
- 삼촌은 잠을 자고 있어요.
- 오빠는 잠을 자고 있어요.

등장인물 중 자신을 가장 크게 그렸고 다음 아빠이다. 엄마는 생략되었다.

아빠와 나 사이에 오빠가 있는 것은 둘의 관계에 장애물을 의미하는 것으로 볼 수 있다. 그래서 방해되는 오빠를 이불이라는 상징물로 덮어 놓고 무기력화시키고 싶은 마음이 드러난다. 오빠의 머리 부분을 덧칠한 것은 오빠에 대한 감정을 표현한 것이다. 이런 방해 대상을 무기력하게 만들었음에도 불구하고 아빠는 고장 난 차를 고치고 있기 때문에 아빠에 대한 관심이 자신에게 돌아올 수 없음을 암시한다. 고장 난 자동차는 기능을 하지 못하는 상징으로 보아 가족 간에 기능적이지 못한 상징이 아닐까 생각된다. 또한 그것을 바로잡는 것이 아빠의 역할이 될 수도 있다.

사례 - 2 (동적 가족화)

그림 분석

- 동생은 태어나지 않아서 안 그렸어요.
- 달리기를 하고 있어요.

넓은 놀이터 공간에 한쪽의 구획을 지어 놓고 가족이 모두 달리고 있다.

쌩쌩 달리는 부모 뒤를 쫓는 자신은 힘이 들어 인상을 쓰고 있다.

아무리 노력해도 다다를 수 없는 부모의 기대나 인정받지 못해 버거워하는 모습으로 보인다.

사례 - 3 (동적 가족화)

그림 분석

- ○○이 장난감을 찾고 있어요.

나는 동생 장난감을 찾고 있고 엄마는 일하고 계신다. 두 인물의 방향이 서로 다른 곳을 바라보고 있기 때문에 두 모녀 사이에는 에너지의 흐름이 없으며 상호작용이 일어나고 있지 않다.

나는 동생 장난감을 찾는 어떤 일, 즉 부모에게 도움이 되는 혹은 착한 행동을 통해서라도 가까이 가려고 애쓰는 노력이 보인다.

사례 - 4 (동적 가족화)

그림 분석

- 사과를 집으로 옮기고 있어요.

서로 마주 보며 에너지를 주고받는 상호작용의 인물은 아빠와 남동생이다.

나(자신)는 뭔가 가족을 위해 열심히 일을 하고 있지만, 아빠와 서로 다른 방향으로 그려놓고 나는 무엇인가를 열심히 해야 하는 상황이다.

나의 얼굴에 눈썹을 짙게 치켜뜨게 그려서 자신의 감정을 표현하고 있다.

그렇지만 자신을 가장 크게, 자신의 사과상자를 크게 그려 놓은 것은 뭔가를 할 수 있는 자신감의 표현이다.

사례 - 5 (동적 가족화)

그림 분석

- 저하고 ○○ 언니는 썰매를 탔어요.
- 아빠는 밀어주고 썰매 타는 걸 보고 있어요.
- 엄마도 할머니도 보고 있어요.

내가 친척 언니와 놀이하는 모습을 가족들이 흐뭇하게 바라보고 있다. 자신이 하는 행동에 대해 관심을 집중받고 있으며, 그것을 즐기는 것 같다. 또한 언니보다 앞서 내려가는 모습은 매사에 우위를 차지하고자 하는 성향이 있음을 보인다.

용지를 반으로 가르는 사선은 굉장히 도전적이며 한편으로는 강한 주장성을 보이는 아동이라 느껴진다. 아마도 자신의 존재감을 드러내기 위해 과감한 행동을 할 경향이 있다.

사례 - 6 (동적 가족화)

그림 분석

- 아빠는 콘센트를 고치고 있어요.
- 엄마는 빨래하고 있어요.
- 나는 눈싸움을 하고 있어요.

아빠는 콘센트를 고치고 엄마는 빨래하고 있으며 나는 눈싸움을 하고 있다. 동일한 집에서 움직이고 있는 부모를 자신을 중심으로 나누어 그려 넣은 것은 둘의 관계를 의도적으로 떼어놓은 것을 의미한다. 나의 두 손에 눈 덩어리를 들고 있는 것은 폭력적인 부모 싸움에서 중간에 끼어든 자신의 모습이며, 엄마 집 지붕의 덧칠 무늬와 이중으로 포위하여 그린 것은 단단하게 막아보려는 마음이 강조된 것으로 볼 수 있다.

콘센트를 고치는 아빠의 행동은 무엇인가 연결시켜야 하는 의미로 보인다.

사례 - 7 (동적 가족화)

그림 분석

아빠의 사랑을 독차지하고 있는 동생과 자신과 반대방향으로 돌아선 엄마의 무관심 사이에서 강한 경쟁심과 좌절을 느끼고 있음이 표현되고 있다. 특히 동생이 가지고 있는 장난감의 큰 크기와 많은 양은 동생에 대한 질투감을 표현하고 있다.

사례 - 8 (동적 가족화)

그림 분석

부모의 관심을 받기에는 너무 많은 장애물이 놓여 있다. 아버지가 보고 있는 TV, 동생과 놀잇감을 그린 것은 부모의 관심이 차단된 것을 표현한 것이다. 자신이 갖고 있는 장난감을 통해서 분노와 공격성을 나타내고 있는 것으로 보인다.

사례 - 9 (동적 가족화)

그림 분석

발레하면서 시선 집중을 받고 싶은 욕구가 표현되어 있으나, 가족은 자신에 대한 관심이 나타나 있지 않다(자신과 다른 방향으로 되어 있음). 엄마는 요리에 집중하고 아빠는 동생과 놀러 가기를 원하고 있다. 나가 부모에게 다가가려 하는데 남동생이 가로막고 있는 위치에 그려져 있다. 이는 부모의 관심이 동생에게 집중되어 있다는 것을 나타낸다.

사례 - 10 (동적 가족화)

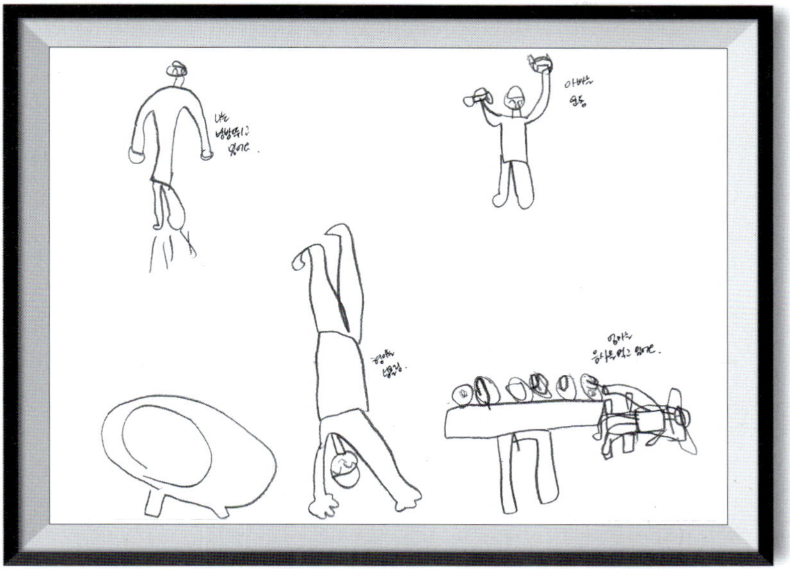

그림 분석

형제간의 경쟁을 나타내고 있다. 가족 중에 형이 가장 중요한 위치를 차지하고(가장 크게 중앙에 그림) 있으나 형과의 경쟁에서 이기고 싶은 마음이 형을 거꾸로 표현하고 자신은 덤블링을 뛰면서 형보다 높은 위치에 그려 표현되었다. 가족 중 남자 3명이 서로 강한 모습을 보이려 운동하고 있는 모습으로 묘사되었다.
여자 한 명(엄마)을 둔 오이디푸스 콤플렉스를 읽을 수 있다. 엄마는 남자들 경쟁 사이에 끼지 못하지만 음식을 먹음으로써 스스로 에너지를 공급하고 있다. 엄마를 누운 모습으로 표현한 것은 엄마의 에너지를 가장 작게 보고 있음을 나타낸다.

새 둥지화

검사배경

어미새와 아기새를 상징하여 그리는 동안 애착 관계의 질을 알아볼 수 있으며 감정 등의 중요한 단서를 제공해 준다.

검사방법

준 비 물 A4 용지, 4B 연필, 지우개

지시내용 1. "어미새와 아기새가 있어요. 거기에 새 둥지가 있네요. 엄마와 내가 새라면 어떤 둥지에서 무엇을 하고 있을까요? 새 둥지를 그려 보세요."

2. 그림을 다 그린 후, 질문한다.

새 둥지화 질문지

① 이 새들은 누구입니까?

② 새들이 지금 무엇을 하고 있지요?

③ 이 새들은 지금 기분이 어떤가요?

④ 새 둥지는 튼튼하고 따뜻한가요? 아니면, 튼튼하지 못해 불안한가요?

⑤ 이 둥지에 살고 싶은가요?

사례 - 1 (새 둥지화)

새 둥지화 질문과 대답	① 이 새들은 누구입니까? 어미와 아기새. ② 새들이 지금 무엇을 하고 있지요? 놀이. ③ 이 새들은 지금 기분이 어떤가요? 슬퍼요. ④ 새 둥지는 튼튼하고 따뜻한가요? 아니면, 튼튼하지 못해 불안한가요? 불안해요. ⑤ 이 둥지에 살고 싶은가요? 아니요.
새 둥지화에 대한 이해와 분석	안전한 울타리가 되어 줄 둥지는 없고 외부환경에 어미새와 아기새가 그대로 노출되어 있다. 특이한 점은 어미새 다리 한쪽에 강조된 선으로 줄이 묶여 있는 것이다. 마치 어미새의 자유를 통제하고 있는 인물이 주인공이 된 듯한 느낌이다(아버지가 매사에 엄마를 감시하고 통제하는 환경이다). 태양의 얼굴 표정이 화가 나 있게 표현함으로 현재 자신의 가정에 대한 감정이 나타나 있다. 이 그림을 그린 아동은, 그림을 보면? "슬프다." / 둥지는? "불안하다."라는 표현을 하였다.

사례 - 2 (새 둥지화)

○ 새 둥지화 질문과 대답	① 이 새들은 누구입니까? 우리. ② 새들이 지금 무엇을 하고 있지요? 배우고 있어요. ③ 이 새들은 지금 기분이 어떤가요? 기분이 안 좋아요. ④ 새 둥지는 튼튼하고 따뜻한가요? 아니면, 튼튼하지 못해 불안한가요? 모르겠어요. ⑤ 이 둥지에 살고 싶은가요? 네.
○ 새 둥지화에 대한 이해와 분석	보호를 상징하는 둥지를 그리지 않고 어미새가 아기새에게 교육을 시키고 있는 장면이 묘사되어 있다. 둥지라는 안전기지의 부재를 느끼게 한다. 아마도 엄마의 교육적인 강요가 그림에 투사되어 나타난 것 같다.

사례 - 3 (새 둥지화)

새 둥지화 질문과 대답	① 이 새들은 누구입니까? 엄마나 아빠. ② 새들이 지금 무엇을 하고 있지요? 놀고 있어요. ③ 이 새들은 지금 기분이 어떤가요? 좋은 기분. ④ 새 둥지는 튼튼하고 따뜻한가요? 아니면, 튼튼하지 못해 불안한가요? 모르겠어요. ⑤ 이 둥지에 살고 싶은가요? 네.
새 둥지화에 대한 이해와 분석	아기새를 보호해 줄 둥지에 대한 불안감으로 둥지를 표현하였는데 안전장치를 반복적으로 표현했다(높은 보호 장벽으로 묘사된 둥지, 두꺼운 받침대 가지, 가지 밑의 책상과 높이를 맞추려는 둥근 기저선). 현재 자신의 울타리가 부서지거나 떨어질 것 같은 두려움과 불안감으로 반복된 안전장치를 그려 넣음으로써 불안한 현실에 대한 안전장치가 과하게 그려진 것으로 볼 수 있다.

사례 - 4 (새 둥지화)

○ 새 둥지화 질문과 대답	① 이 새들은 누구입니까? 어미새(나무 위), 나(큰 새), 아기새(동생 없음, 막내임). ② 새들이 지금 무엇을 하고 있지요? 엄마는 먹이 찾으러 갔고 기다리고 있어요. ③ 이 새들은 지금 기분이 어떤가요? 다 좋아요. ④ 새 둥지는 튼튼하고 따뜻한가요? 아니면, 튼튼하지 못해 불안한가요? 튼튼해요. ⑤ 이 둥지에 살고 싶은가요? 네(자신감 있게 대답).
○ 새 둥지화에 대한 이해와 분석	"어미새는 먹이 찾으러 나가고 나는 동생 아기새와 함께 있어요." 가정에서 자녀에 대한 양육과 관심보다는 외적인 활동이 잦은 엄마에 대한 표현으로 보인다. 본인은 정작 막내이면서 동생 아기새와 함께 있는 것을 그린 것은 둥지에 혼자 있는 외로움에 대해 보상하고자 하는 마음으로 볼 수 있다.

사례 - 5 (새 둥지화)

새 둥지화 질문과 대답	① 이 새들은 누구입니까? 엄마와 나와 동생. ② 새들이 지금 무엇을 하고 있지요? 둥지에 있어요. ③ 이 새들은 지금 기분이 어떤가요? 모르겠어요. ④ 새 둥지는 튼튼하고 따뜻한가요? 아니면, 튼튼하지 못해 불안한가요? 튼튼해요. ⑤ 이 둥지에 살고 싶은가요? 네.
새 둥지화에 대한 이해와 분석	어미새를 그렸지만 고립되어 있는 둥지 속에 아기새들도 각각 따로 둥지를 그려 넣어 고립된 상태로 그려져 있다. 모자 상호작용의 부재를 알 수 있다. 돌봄의 부재는 정서적 성숙을 만들 수 없고 큰 나무에 작은 나무가 기대야 하는 것처럼 의존적 상태가 지속될 수 있다.

사례 - 6 (새 둥지화)

○ 새 둥지화 질문과 대답	① 이 새들은 누구입니까? 새. ② 새들이 지금 무엇을 하고 있지요? 다리가 부러졌어요. ③ 이 새들은 지금 기분이 어떤가요? 슬퍼요. ④ 새 둥지는 튼튼하고 따뜻한가요? 아니면, 튼튼하지 못해 불안한가요? 불안해요. ⑤ 이 둥지에 살고 싶은가요? 아니요.
○ 새 둥지화에 대한 이해와 분석	엄마와 딸이 상처받아 다리가 부러진 새를 잡고 있으며 나무 주위에 많은 돌기를 그림으로 역시 상처의 사인을 남기고 있다. 이는 자신의 상처받은 마음을 달래주기 바라는 소원으로 읽을 수 있다. 또한 줄기의 구멍 안에 들어가 있는 다람쥐는 보호받을 수 있는 안전한 공간을 원하는 마음이다.

사례 - 7 (새 둥지화)

새 둥지화 질문과 대답	① 이 새들은 누구입니까? 아기새들(3마리). ② 새들이 지금 무엇을 하고 있지요? 엄마를 기다림. ③ 이 새들은 지금 기분이 어떤가요? 아님. ④ 새 둥지는 튼튼하고 따뜻한가요? 아니면, 튼튼하지 못해 불안한가요? 튼튼해요. ⑤ 이 둥지에 살고 싶은가요? 싫어요.
새 둥지화에 대한 이해와 분석	기울어져 있는 나무 위에 새둥지가 불안해 보인다. 새둥지를 보호해 줄 수 있는 가지나 나뭇잎이 부재하고 어미새를 표현하지 않은 채 아기새 세 마리가 엄마를 기다리고 있다는 말이 보호받고 있지 못하다는 의미처럼 들린다. 가지에서 한 줄로 그려진 곁가지 위에 두 개의 새둥지가 위태로워 보인다.

사례 - 8 (새 둥지화)

새 둥지화 질문과 대답	① 이 새들은 누구입니까? 엄마, 나. ② 새들이 지금 무엇을 하고 있지요? 먹이를 먹고 있어요. ③ 이 새들은 지금 기분이 어떤가요? (웃음) 좋음…. ④ 새 둥지는 튼튼하고 따뜻한가요? 아니면, 튼튼하지 못해 불안한가요? 튼튼해요. ⑤ 이 둥지에 살고 싶은가요? (웃음) 당황, 그건 좀….
새 둥지화에 대한 이해와 분석	이 그림의 특이한 점은 새둥지의 지붕을 표현한 것이다. 외부와의 차단이나 고립을 나타낸다. 어미새의 눈에 힘이 들어가게 그린 것은 아기새가 마주하기에 부담스러워함을 의미한다. 인터뷰 내용으로 보아 현실에서 엄마와의 관계가 만족스럽지 못하고 불안전 애착 관계로 보이기도 한다.

사례 - 9 (새 둥지화)

◎ 새 둥지화 질문과 대답	① 이 새들은 누구입니까? 나, 엄마). ② 새들이 지금 무엇을 하고 있지요? 엄마가 먹이를 물고 왔어요. ③ 이 새들은 지금 기분이 어떤가요? 아주 좋아요. ④ 새 둥지는 튼튼하고 따뜻한가요? 아니면, 튼튼하지 못해 불안한가요? 포근해요. ⑤ 이 둥지에 살고 싶은가요? 절대 아닐 걸요. 눈이 오면 추울 테니까요. 전 추운 건 싫어요.
◎ 새 둥지화에 대한 이해와 분석	마트 위에 새둥지를 그린 의미는 항상 먹을 것이 공급되기를 원하는 구강기적인 결핍처럼 보인다. 특히 아기새 부리의 크기를 강조하여 크게 그린 것은 충분한 양육에 대한 결핍의 표현인 것 같다. 둥지가 눈이 오면 추울 것이라는 표현은 심리적 불안감을 이야기하고 있다.

사례 - 10 (새 둥지화)

새 둥지화 질문과 대답	① 이 새들은 누구입니까? 엄마, 나, 아빠, 동생. ② 새들이 지금 무엇을 하고 있지요? 날아갈 준비. ③ 이 새들은 지금 기분이 어떤가요? 다 좋은데 엄마는 기분이 나빠요. ④ 새 둥지는 튼튼하고 따뜻한가요? 아니면, 튼튼하지 못해 불안한가요? 튼튼해요. ⑤ 이 둥지에 살고 싶은가요? 네.
새 둥지화에 대한 이해와 분석	일반적으로 나무 위에 새둥지를 그리는 것과는 달리 빌딩 위에 둥지를 그린 것은 위태롭지 않은 곳에 둥지를 그리고자 하는 마음의 표현이다. 이는 현재 가정의 불안을 느끼는 경우 좀 더 튼튼한 지지 기반을 원하는 무의식적인 욕구로 볼 수 있다. 맨 앞에 가장 크게 그린 어미새가 기분이 나쁘다는 표현은 엄마에 대한 불안감을 의미하고 있다.

빗속의 사람 검사(Person In The Rain)

검사배경

아동이 현재 겪고 있는 스트레스의 정도와 대처능력을 알아볼 수 있다.

검사방법

준 비 물 A4 용지, 4B 연필, 지우개

지시내용 1. "그림 속에 지금 비가 내리고 있어요. 누군가가 비가 내리고 있는 그림 속에 있다면, 어떤 모습일까요? 그려보세요."

2. "만화 그림이나 선으로만 그린 사람은 그리지 말아 주세요."

3. 그린 후 질문을 한다.

빗속의 사람에 대한 질문지

① 이 사람은 누구지요?

② 이 사람 지금 기분이 어때요?

③ 비가 많이 오나요? 아니면 조금 오나요?

④ 이 그림을 보니까 어떤 기분이 들어요?

사례 - 1 (빗속의 사람 검사)

○ 빗속의 사람 질문과 대답	① 이 사람은 누구지요? 모르는 사람들. ② 이 사람 지금 기분이 어때요? 3명은 좋고 2명 중에서 한 명은 놀랐고 한 명은 불만. ③ 비가 많이 오나요? 아니면 조금 오나요? 조금. ④ 이 그림을 보니까 어떤 기분이 들어요? 이상한 기분.
○ 빗속의 사람에 대한 이해와 분석	5명을 그려 넣고도 모두 모르는 사람이라고 하는 것은 무의식적으로 자신의 스트레스 상황을 회피하려는 의도로 읽을 수 있다. 비를 맞고 있는 상황에서도 우산을 파는 인물을 등장시킨 것은 예기치 않은 상황 속에서도 그 상황을 이용할 수 있는 생존본능력이 있는 것으로 추측된다.

사례 - 2 (빗속의 사람 검사)

빗속의 사람 질문과 대답	① 이 사람은 누구지요? 마법에 걸려서 사람이 됨(원래 토끼). ② 이 사람 지금 기분이 어때요? 좋긴 좋은데 원래 집으로 돌아가고 싶어요. ③ 비가 많이 오나요? 아니면 조금 오나요? 굉장히 많이 와요. ④ 이 그림을 보니까 어떤 기분이 들어요? 기분이 좋아져요.
빗속의 사람에 대한 이해와 분석	화지를 가득 메우며 규칙적으로 그린 빗방울의 표현은 유아의 강박적인 행동이 있음을 알 수 있다(예: 계획적 행동, 정리 정돈 등). 우산을 화려하게 그리고(우산 무늬 역시 규칙적이다) 치마를 입은 성숙한 표현의 사람은 유아 또래에 비해 빠른 성숙도를 나타낸다. 옷을 덧칠하여 까맣게 만든 것은 유아 자신에게 어려움이 있음을 나타낸다.

사례 - 3 (빗속의 사람 검사)

빗속의 사람 질문과 대답	① 이 사람은 누구지요? 나. ② 이 사람 지금 기분이 어때요? Happy. ③ 비가 많이 오나요? 아니면 조금 오나요? 많이(우산이 있어서). ④ 이 그림을 보니까 어떤 기분이 들어요? 빗방울을 만지고 있다는 생각.
빗속의 사람에 대한 이해와 분석	강한 번개가 치고 비가 내리는데 그런 상황(많은 스트레스 상황)에 압도되어, 지면 아래쪽에 사람을 작게 그려 놓았다. 쏟아지는 비를 막아 줄 우산은 감당하기 힘들어 보이며 비를 피해야 할 집을 그려 넣었지만 자신이 피할 수 있는 안전한 장소가 될 수 없을 것 같다.

사례 - 4 (빗속의 사람 검사)

◎ 빗속의 사람 질문과 대답	① 이 사람은 누구지요? 모델. ② 이 사람 지금 기분이 어때요? 찡그리고 있어요. ③ 비가 많이 오나요? 아니면 조금 오나요? 많이 와요. ④ 이 그림을 보니까 어떤 기분이 들어요? 모델이 슬퍼하는 기분.
◎ 빗속의 사람에 대한 이해와 분석	삶이 너무 버거운 것이 그림에 드러나 있다. 우산이 자기 자신을 잘 지켜 주지 못할뿐더러 우산이 넘어갈 듯하다. 비가 억수같이 쏟아진다. 언제 그칠지 모르는 스트레스에 노출되어 있다.

사례 - 5 (빗속의 사람 검사)

○ 빗속의 사람 질문과 대답	① 이 사람은 누구지요? 나. ② 이 사람 지금 기분이 어때요? 웃고 있어요. ③ 비가 많이 오나요? 아니면 조금 오나요? 많이. ④ 이 그림을 보니까 어떤 기분이 들어요? 상쾌해요.
○ 빗속의 사람에 대한 이해와 분석	하늘을 가득 메운 긴 구름과 긴 빗줄기, 움푹 파인 기저선들이 아동의 심한 스트레스와 감당하기 어려운 불안감을 나타낸다. 또한 우산의 손잡이 연결 부분의 강조는 힘겹게 버티려 하는 무의식적 에너지로 보인다. 반면 높은 곳에서 나무가 많은 비를 맞고 서 있는 모습은 완전히 노출된 내면의 자아상 같다.

사례 - 6 (빗속의 사람 검사)

빗속의 사람 질문과 대답	① 이 사람은 누구지요? 나, ○○○. ② 이 사람 지금 기분이 어때요? 좋아요. ③ 비가 많이 오나요? 아니면 조금 오나요? 많이 와요. ④ 이 그림을 보니까 어떤 기분이 들어요? 그건 아직 생각 못했어요.
빗속의 사람에 대한 이해와 분석	원에서 변화된 상황에 잘 적응하지 못하고 겁이 많으며 잘 우는 기질의 유아로서 내리는 빗속에서 어찌할 바를 모르고 당황하고 있는 모습과 굴곡이 있는 기저선의 표현은 매우 불안함을 나타낸다.

사례 - 7 (빗속의 사람 검사)

○ 빗속의 사람 질문과 대답	① 이 사람은 누구지요? 나. ② 이 사람 지금 기분이 어때요? 놀랐어요. ③ 비가 많이 오나요? 아니면 조금 오나요? 많이 와요. ④ 이 그림을 보니까 어떤 기분이 들어요? 안 좋은 기분-번개가 칠 것 같아서.
○ 빗속의 사람에 대한 이해와 분석	쏟아지는 빗줄기를 막아보려는 그림으로 쓰러질 것 같이 기울어져 있는 것이 안쓰럽게 느껴진다. 사람의 크기에 비해 과하게 크게 그려진 우산은 스트레스 상황에 예민하게 대처하려 하는 성향을 나타낸다.

사례 - 8 (빗속의 사람 검사)

빗속의 사람 질문과 대답	① 이 사람은 누구지요? 아빠(아기 우산 씀). ② 이 사람 지금 기분이 어때요? 좋아요. ③ 비가 많이 오나요? 아니면 조금 오나요? 번개도 아주 많이 쳐요. ④ 이 그림을 보니까 어떤 기분이 들어요? 재밌어요.
빗속의 사람에 대한 이해와 분석	우산의 크기가 아주 작음에도 불구하고 비로부터 자신을 보호하고자 하는 강한 의지가 보인다. 그러나 손과 발의 그림을 생략하고 우산을 들고 있는 팔을 과장되게 크게 그려넣음으로써 스트레스 상황에 대처하고 있음을 나타낸다.

사례 - 9 (빗속의 사람 검사)

빗속의 사람 질문과 대답	① 이 사람은 누구지요? 나. ② 이 사람 지금 기분이 어때요? 좋아요. ③ 비가 많이 오나요? 아니면 조금 오나요? 많이. ④ 이 그림을 보니까 어떤 기분이 들어요? 좋음.
빗속의 사람에 대한 이해와 분석	번개 치고 비가 쏟아지는 가운데 우비는 입고 있으나 우산을 준비하지 못했다. 나름 자신을 보호하고자 하는 의지가 읽힌다.

사례 - 10 (빗속의 사람 검사)

빗속의 사람 질문과 대답	① 이 사람은 누구지요? 나. ② 이 사람 지금 기분이 어때요? 좋아요. ③ 비가 많이 오나요? 아니면 조금 오나요? 많이 와요. ④ 이 그림을 보니까 어떤 기분이 들어요? 좋아요.
빗속의 사람에 대한 이해와 분석	유아기 발달단계의 자기중심적인 특성이 잘 나타나 있다. 우산이 자신의 몸을 가리지 못했음에도 비는 우산 위에만 떨어진다는 화살표 방향을 그림으로써 비로부터 자유로운 자신을 표현하고 있다.

풍경 구성법(LMT)

검사배경

아동의 의식·무의식을 탐색할 수 있고 치료과정으로도 사용한다.

검사방법

준 비 물 A4 용지(치료자가 검은색 사인펜으로 액자처럼 테두리를 그려 준다.), 검은색 사인펜, 크레파스, 연필

지시내용
1. "테두리가 그려진 종이에 풍경화를 그릴 거예요."
2. "지금부터 10가지를 하나의 종이에 차례로 그려서 풍경화를 완성해 보세요."
3. 10가지(강, 산, 밭, 길, 집, 나무, 사람, 꽃, 동물, 돌)를 차례로 불러준다. "강을 그리세요."라고 한 다음 다 그리면, "다음으로 산을 그리세요."라고 하는 식으로 진행한다.
4. 10가지를 다 그린 후에는 "더 그리고 싶은 것이 있으면, 그려 넣어도 좋아요."라고 한다.

LMT 질문

① 풍경화의 느낌은 어떤가요?
② 풍경화의 계절은?
③ 날씨는 어떠한가요?
④ 몇 시 정도의 풍경인가요?
⑤ 강, 바다의 흐름은 어디에서 어디로 흘러가나요?
⑥ 그 강(바다)은 깊은가요?
⑦ 산 저편에는 무엇이 있나요?
⑧ 사람은 누구인가요? 무엇을 하고 있나요?
⑨ 무엇을 자유롭게 그렸나요?
⑩ 풍경화의 제목을 붙인다면?

사례 - 1 (풍경 구성법)

LMT 질문과 대답	① 그림 속 계절은 무엇이니? 봄꽃이 피었어요. ② 그림 속 사람은 누구니? 저요. ③ 사람은 무엇을 하고 있니? 토끼랑 산책해요. ④ (무지개를 가리키며) 이것은 무엇이니? 무지개고 그 위에는 하트 모양 연못이 있어요.
빗속의 사람에 대한 이해와 분석	규칙적이고 예측대로 안 되면 참기 힘든 성향으로 보인다. 각 항목의 구성들이 모든 게 정리되어 있고 규격화되어 있다. 반복되는 패턴, 정리 정돈 등에 대해 강박관념을 가지고 있을 수 있다. 이런 규격화와 정리 정돈의 원인은 심리적 불안인 경우가 많다.

사례 - 2 (풍경 구성법)

○ LMT 질문과 대답	① 태양은 무엇을 보고 있니? 자고 있어요. ② 그림 속 사람은 누구일까? 나예요. ③ 무엇을 하고 있니? 수영을 하려고 가고 있어요. ④ 그림의 제목은 무엇이니? 수영하러 갈래요.
○ 빗속의 사람에 대한 이해와 분석	따뜻함이 없고 차가움의 의미인 만년설이 덮인 산에서 튜브를 가지고 수영복을 입은 채 물속으로 들어가고 있는 표현은 매우 대조적인 상황 속에서 양가적인 모습을 나타내고 있다. 집을 산 위 구름 속에 그린 것은 자신이 휴식하고 보호받는 가정이란 환경이 자신과 너무 멀리 있다는 의미이다. 커다란 태양이 구름 뒤에서 잠을 자고 있는 표현은 보호자의 역할을 암시하는 듯하다.

사례 - 3 (풍경 구성법)

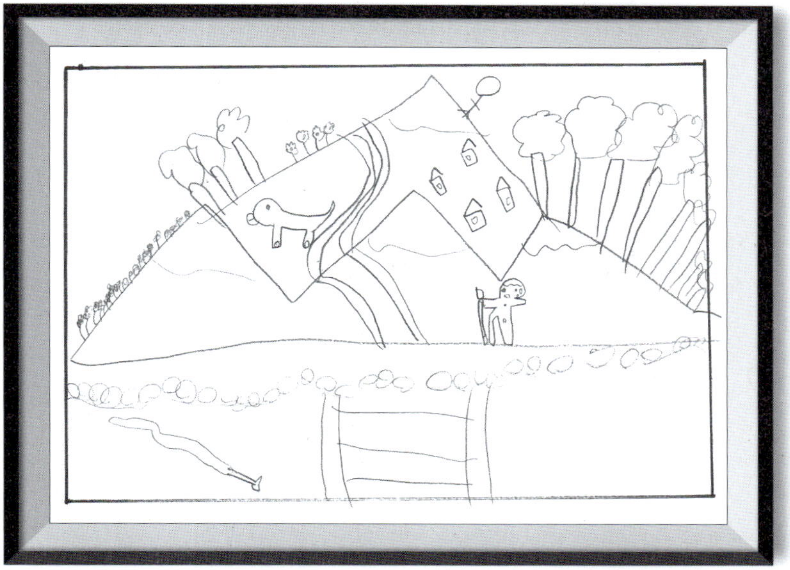

LMT 질문과 대답	① 그림 속에는 누가 있나요? 나랑 동생이랑 공룡이 있어요. ② 나는 무엇을 하고 있나요? 밭을 가꾸려고 길을 만들고 땀을 흘리고 있어요. ③ 그림 속의 계절은 무엇인가요? 여름.
빗속의 사람에 대한 이해와 분석	겹겹이 쌓여 있는 산 앞에서 지팡이를 들고 땀을 흘리는 사람의 모습을 보면 이루어야 할 일들이 많아 버거운 느낌이 든다. 산 위로 연결된 길이나 멀리 있는 집들의 표현이 뭔가를 극복해야 하는 장애물처럼 보인다.

사례 - 4 (풍경 구성법)

LMT 질문과 대답	① 그림의 제목은 무엇인가요? 산과 바다가 있는 풍경. ② (다리를 가르키며) 이것은 무엇인가요? 다리요. 바다를 건널 수 있고 물고기도 잡을 수 있어요. ③ 자유롭게 그린 동물은 무엇인가요? 뱀이랑 쥐랑 토끼요. ④ 그림 속 사람은 누구인가요? 저요. ⑤ 어떤 기분인가요? 신나요. 과일 따야 해요. 그래서 좀 힘들어요.
빗속의 사람에 대한 이해와 분석	집을 향해 가는데 땀을 흘리고 올라가고 있는 표현과 밭에는 키워야 할 식물이 많은 것처럼 해야 할 과제나 의무가 많은 것일 수 있다. 현재 느끼는 부담과 목표지향적인 환경을 이해할 수 있다. 집 앞에 그려진 똬리를 튼 뱀의 그림은 집에 가까이하기에 어려움이 있음을 상징할 수도 있다.

사례 - 5 (풍경 구성법)

LMT 질문과 대답	① 그림의 제목은 짓는다면? 길. ② 그림 속 사람은 무엇을 하고 있나요? 집에 가고 싶어요. ③ 이 풍경화의 느낌은 어떤가요? 울퉁불퉁해요.
빗속의 사람에 대한 이해와 분석	비스듬한 집과 길이 공중에 떠 있는 표현은 불안과 험난함을 보이고 있다. 강 주변의 돌들이 인물 머리 위로 떨어질 것 같은 불안과 인물이 서 있는 울퉁불퉁한 기저선은 안정감이 부족하고 불안해 보인다.

사례 - 6 (풍경 구성법)

LMT 질문과 대답	① 풍경의 계절은 무엇인가요? 여름이요. ② 풍경은 몇 시쯤일까요? 아침이요. ③ (가로등을 가리키며) 이것은 무엇인가요? 가로등이요. ④ (강을 가리키며) 이 강은 어디에서 어디로 흐르나요? 밖에서 집 쪽으로 흘러가요.
빗속의 사람에 대한 이해와 분석	구불구불한 길에 가로등이 켜 있고 밖으로 나가려 하는 그림이다. 자기가 가려는 길에 해가 뜬 아침임에도 불구하고 가로등을 켜놓는다는 것은 매사에 용의주도한 성격이 있음을 알 수 있다. 이렇게 사전에 정보를 수집하고 준비하는 성향은 내면의 불안을 해소하기 위한 방편으로 사용될 수 있다. 주변에 산만하게 그려진 숲과 돌, 강의 표현은 불안하고, 산만한 정서가 표현된 것으로 볼 수 있다.

사례 - 7 (풍경 구성법)

LMT 질문과 대답	① 산 위에는 무엇이 있나요? 풀이랑 상추요. ② (강을 가리키며) 이 강은 어디에서 어디로 흐르나요? 집 쪽에서 나무 쪽으로요. ③ 자유롭게 그려 넣은 것은 무엇인가요? 배예요. 물속에는 물고기들도 살고 문어도 살아요.
빗속의 사람에 대한 이해와 분석	산 위에 있는 집과 본인이 서 있는 산 능선에 선을 덧칠한 것은 현재 자신의 불안감의 표시일 수 있다. 강 위에 커다란 배를 띄우고 마치 집을 그려넣은 것 같은 표현은 현실의 가정으로부터 벗어나고 싶은 마음을 나타낸 것이다.

사례 -8 (풍경 구성법)

LMT 질문과 대답	① 그림 속 계절은 어떠한가요? 봄이요. ② 그림 속 날씨는 어떠한가요? 따뜻해요. ③ 그림 속 사람은 누구인가요? 저요(아래 사람). 친구고(우측 윗사람), 동생이랑 토끼(좌측 윗사람). ④ 그림 속 사람은 무엇을 하고 있나요? 요리를 하려고 가고 있어요. ⑤ 그림의 제목을 짓는다면? 밭이 있는 마을.
빗속의 사람에 대한 이해와 분석	다양한 방면에 관심이 많고 자신이 매사에 참여하고자 하는 욕구가 높아 보인다. 에너지를 너무 소비하여 자신에게 집중하는 에너지가 부족할 수도 있다. 손을 바쁘게 움직이고 있는 자신을 묘사하고 있는 것은 모든 일에 주도권을 가지고 내가 해야 한다는 성향을 읽을 수 있다.

사례 - 9 (풍경 구성법)

◎ LMT 질문과 대답	① 그림 속 날씨는 어떤가요? 맑아요. ② 산과 밭에는 어떤 꽃들이 피어 있나요? 해바라기랑 튤립이요. ③ 그림 속 사람은 누구인가요? 저요. ④ 그림 속 사람은 어떤 기분인가요? 행복해요. ⑤ 집 속에는 누가 살고 있을까요? 엄마랑 아빠랑 저를 기다리고 있어요.
◎ 빗속의 사람에 대한 이해와 분석	자신이 습득한 표현방법을 반복적으로 그리는 것은 유아기 미술발달 단계의 특징으로 볼 수 있으나, 유아 자신이 계획한 것을 반복적으로 해야만 마음이 놓이는 유아의 성향을 나타낸다. 모성을 나타내는 꽃(튤립)을 키우고 있는 그림은 모성적인 도움을 원할 때(엄마로부터 돌봄을 받고 싶을 때) 이러한 그림을 그리게 한다.

사례 - 10 (풍경 구성법)

LMT 질문과 대답	① 그림 속 계절은 어떤가요? 겨울이라 추워요. ② 산 너머에는 무엇이 있나요? 공룡이 살고 있어요. ③ 공룡은 무슨 생각을 하고 있나요? 다 잡아먹어야 겠다! ④ 그림 속 사람은 누구인가요? 저예요. ⑤ 그림 속 사람은 무엇을 하고 있나요? 강에서 제트스키 타면서 헤엄치고 있어요. ⑥ 그림의 제목을 붙인다면? 공룡 괴물이 사는 산.
빗속의 사람에 대한 이해와 분석	거침없이 그려진 표현은 자신이 하고 싶은 대로 행동화하는 경향이 보인다. 자기의 생각과 의도를 표현하는 데 즉흥적이다. 공룡을 그려 넣은 것은 자신이 강하게 보이고 싶은 욕구를 표현한 것이다. 그렇지만 공룡 밑에 그려진 꽃의 표현은 내면의 여린 감정이 내재되어 있음을 알 수 있다. 그렇지만 강에서 헤엄치는 모습은 자신의 id의 강한 충동성을 나타낸다.

발테크 묘화

검사배경

정밀한 자극도의 제시를 아동이 수용하고 있다.
충동성에는 어떤 반응을 하는가, 주제의 특징을 얼마나 적절히 사용하고 있는가를 알아볼 수 있다.

검사방법

준 비 물 8개의 사각형이 있는 검사지, 4B 연필, 지우개

지시내용 1. 8개의 사각형 안에는 무엇인가를 그려보세요.
2. 순서대로 그려도 되고 순서대로 그리지 않아도 돼요.
※ 주의점 : 자극도를 사용하여 그리도록 지시하지 않는다.
3. 실시 후 어떤 그림인지 자극도에 어떤 인상을 받고 그림으로 연결시켰는지를 묻는다.

해석기준 1~8번까지의 자극도가 가지고 있는 다른 성질에 따른 반응을 일반적으로 해석하고 있으나, 유아들의 경우에서 자극도를 얼마나 적절하고 창의적으로 활용했는가에 초점을 맞춰 해석의 기준으로 삼았다.

발테크 검사법의 일반적인 해석(박현주, 미술치료 진단기법의 이해, 양서원, 2009)

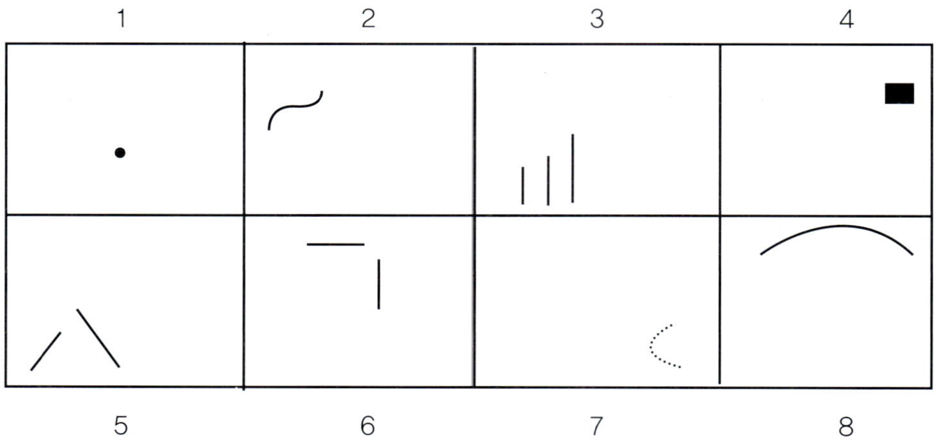

◆주제의 반응

자극도 1과 8 : 자아와 안심

자극도 2와 7 : 감정과 감수성(민감성)

자극도 3과 5 : 달성과 긴장(능력)

자극도 4와 6 : 문제와 통합

◆ 자극도의 특징과 각 테두리 안의 주제

자극도 1 : 중심적, 집약적 / 중심성, 중심점, 자기, 자아

자극도 2 : 유동적, 부동적 / 운동, 움직임 감정

자극도 3: 상승경향, 엄격성, 규칙성 / 상승, 노력, 의욕

자극도 4 : 중량감, 무의식 영역과의 관련 / 무게, 곤란성, 문제성

자극도 5: 갈등, 긴장감 / 긴장, 능력

자극도 6: 통합, 전체성 / 완전성, 통합

자극도 7: 섬세함, 민감함 / 감수성, 민감성

자극도 8: 마음 편안하고 느긋함, 감싸기 / 안심

사례 - 1 (발테크 묘화-자극도를 창의적으로 활용하지 못한 경우)

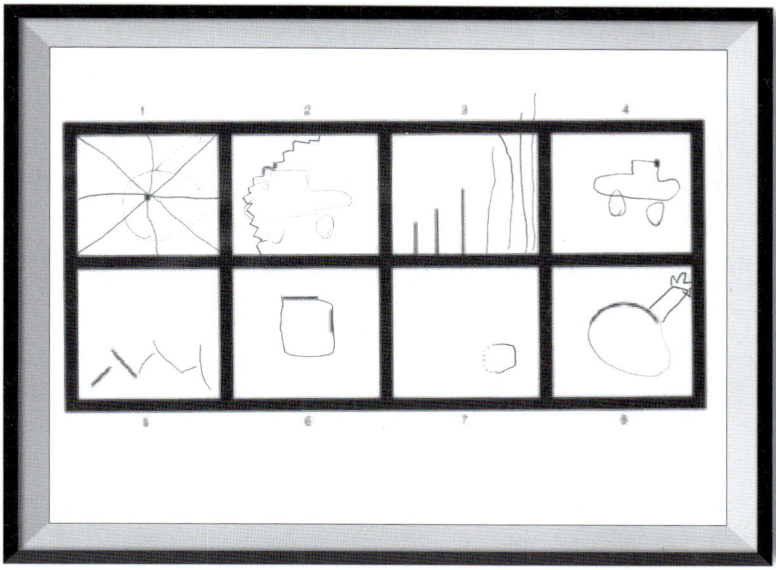

그림 분석

자극도를 활용하여 응용할 수 있는 능력이 부족하지만 나름대로 자극도를 이용해 보려고 노력하는 모습을 읽을 수 있다.

비록 단순한 표현이지만 끝까지 표현한 노력을 인정해 주고 긍정적 피드백을 준다면 자신감을 얻고 창의적인 표현으로 발전할 수 있다.

사례 - 2 (발테크 묘화-자극도를 창의적으로 활용하지 못한 경우)

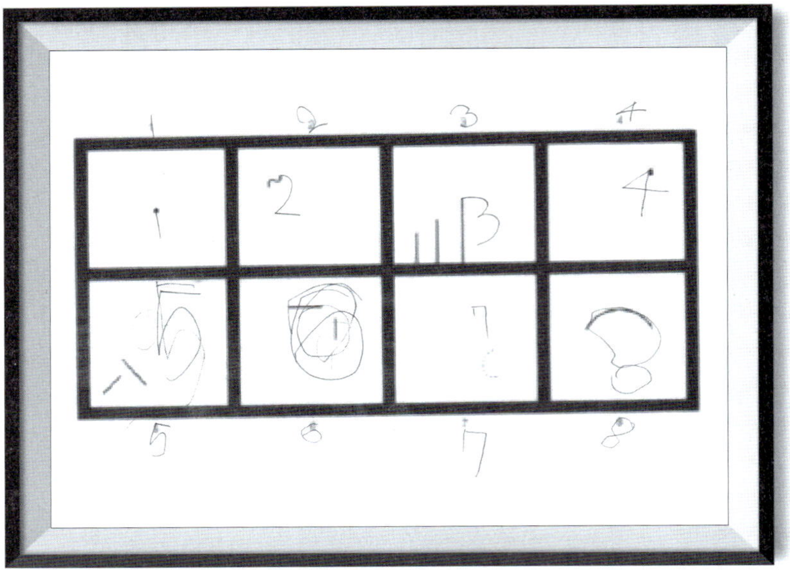

그림 분석

자극을 사용하려고 노력한 모습이 보이지만 효과적인 응용이 아니다. 단순하게 자신이 의도한 바를 표현하려고 자극도에 의도를 무시하고 있다.

자극도의 의도를 무시하고 그리는 경우는 외부 세계와의 관계보다 자신의 내적 세계에 집중되어 있는 경우로 볼 수 있다.

작은 자극 및 작은 반응에 대해서도 긍정적 피드백, 칭찬 등이 주어졌을 때 개인이 지닌 잠재성을 빛낼 수 있다. 노력이 있음. 칭찬과 인정, 격려가 필요하다.

사례 - 3 (발테크 묘화-자극도를 창의적으로 활용하지 못한 경우)

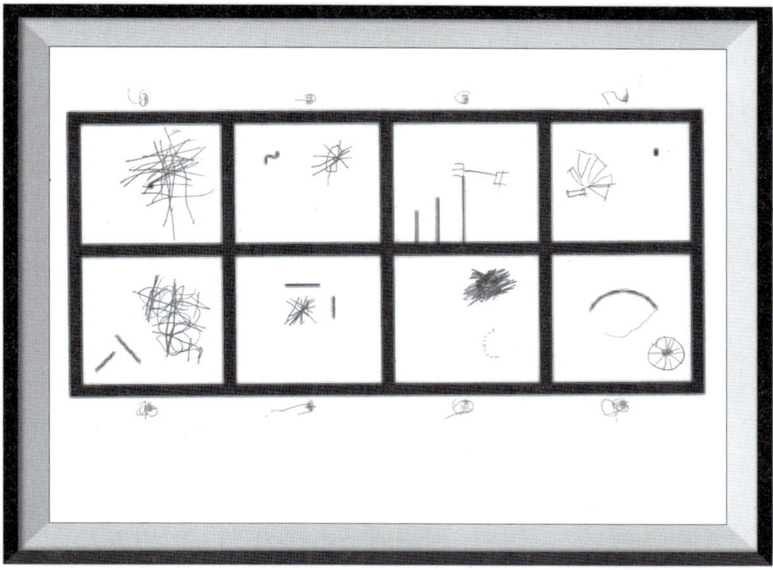

그림 분석

그림에서 주어지는 자극을 전혀 사용하지 않고 있다. 주변의 관심과 도움을 거부하고 자기중심적으로 타협하지 않고 표현하고자 하는 (불협화음)성향이 드러난다.

집에서 너무 비난을 많이 받았을 때, 극단적으로 차단시키거나 바깥의 사건 등을 내면화시키지 못한다. 주변의 자극을 사용할 기능이 모두 떨어져 있다(양육적 피드백을 받지 못하는 경우이다).

사례 - 4 (발테크 묘화-자극도를 창의적으로 활용하지 못한 경우)

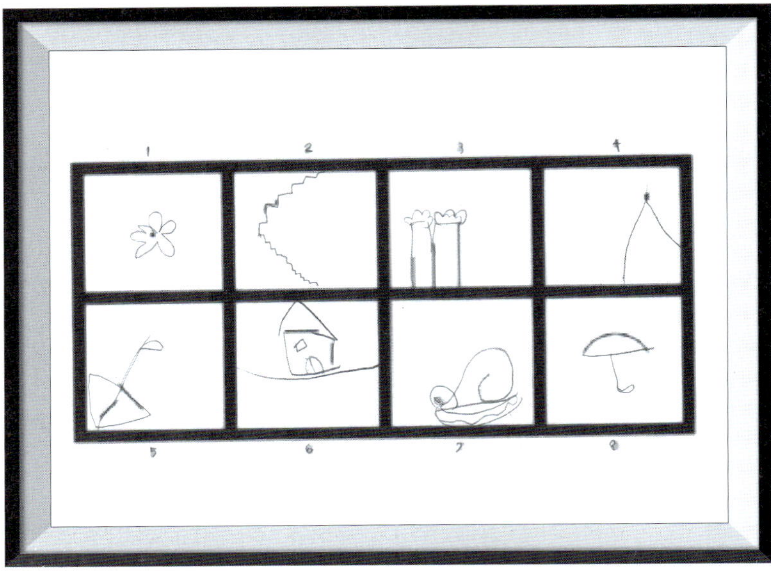

그림 분석

선생님의 눈치를 많이 보고 칭찬받으려 착한 아이의 태도를 보이는 아이로서 상승의 자극도 3번을 의지하는 두 개의 나무로 표현하고 5번은 거꾸로 된 우산을 표현함으로써 스스로 성장에 대한 노력과 의욕이 약한 느낌을 갖게 한다.

무조건적인 칭찬보다 좀 더 구체적인 점을 칭찬함으로 스스로 성공의 작은 경험을 얻을 수 있도록 해 주어야 한다.

※ 3번과 5번은 성장욕구에 대한 무의식적 자극을 위해 제시된 자극도이다.

사례 - 5 (발테크 묘화-자극도를 창의적으로 활용하지 못한 경우)

그림 분석

시키는 대로만 하고 별다른 특징이 없는 그림으로 창의성이 부족하다.

자극도 대한 수동적 반응은 주도적 성향이 없는 순응적인 성향을 나타낸다.

사례 - 6 (발테크 묘화-자극도를 창의적으로 활용하지 못한 경우)

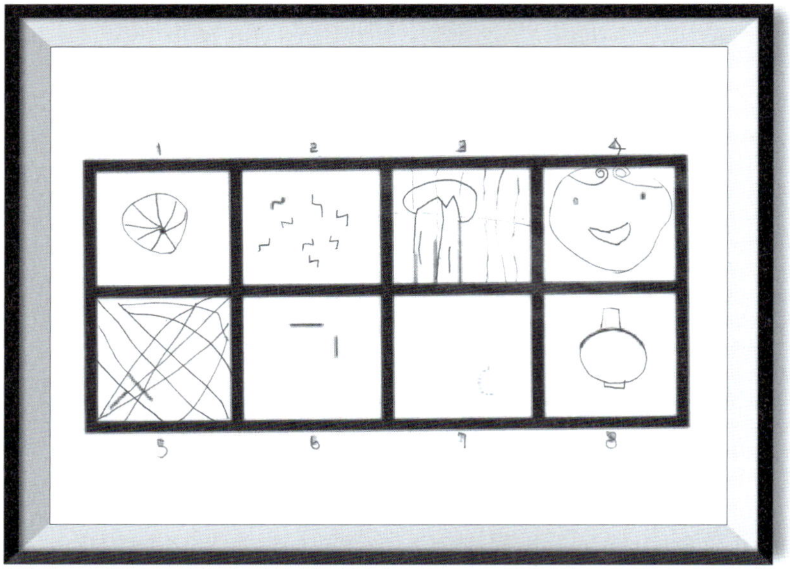

그림 분석

노력은 하지만 자신의 한계가 많이 보이는 그림이라고 할 수 있다.

창의력을 표현하기에는 역부족이라는 것을 보여 준다.

포기를 했음(6, 7)에도 8번을 완성, 끝까지 다 못해도 노력해서 끝을 맺고 완성하려고 노력하였기에 그에 대한 칭찬과 긍정적 피드백이 필요하다.

사례 -7 (발테크 묘화-자극도를 창의적으로 활용한 경우)

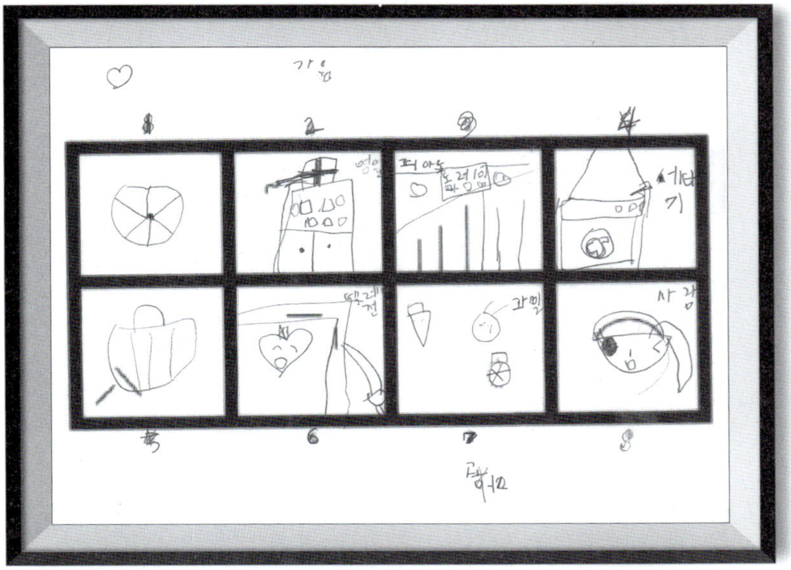

그림 분석

자극도의 제시에서 조금 벗어나서 표현되었지만 자기 나름대로 떠오르는 다양한 주제를 표현한 것으로 창의적으로 볼 수 있다.

단, 자신이 결정한 것이 객관성이 부족하여도 주장을 내세울 수 있는 경향이 있다.

사례 -8 (발테크 묘화-자극도를 창의적으로 활용한 경우)

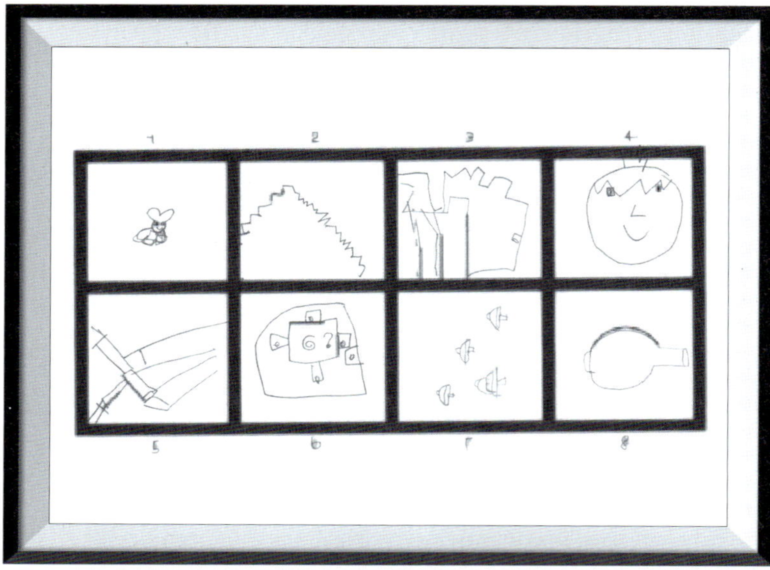

그림 분석

자극도를 다양한 주제로 변형시킬 수 있는 능력이 돋보이며 다양성과 호기심이 잘 나타나 있다. 자극도를 창의적으로 수용하여 각각 잘 표현하였다.

1에서 자아가 작게 표현되었으나, 8에서 원만히 수용되었고, 2, 7에서 약간의 불안감이 있으나 자유로운 감수성이 드러난다. 3에서 성장 욕구가 드러나고 5에서 긴장감이 표현되었다. 4, 6에서 통합된 정서를 보여준다.

사례 -9 (발테크 묘화-자극도를 창의적으로 활용한 경우)

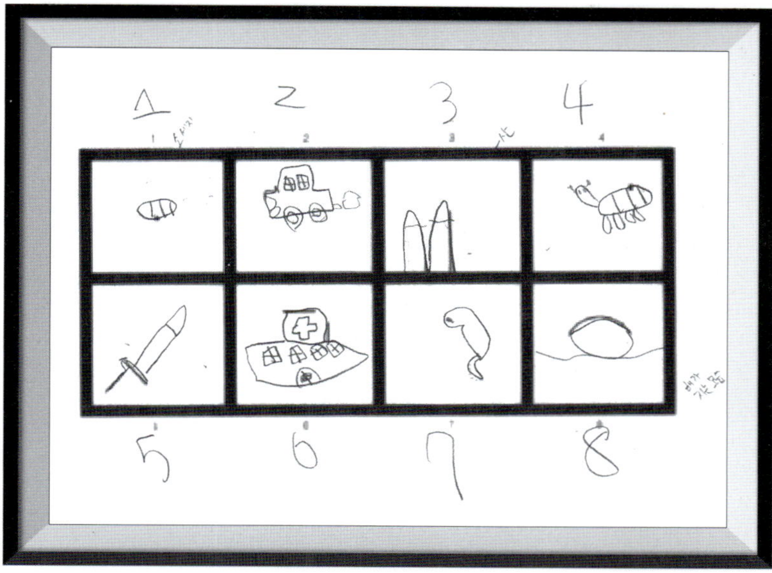

그림 분석

"엄마가 저를 재우려고 안아주셨는데 저는 안 자고 있어요."

엄마가 아기를 안으므로 신체적 접촉이 이루어지고 있다. 안아주고 있는 엄마에게서 강하고 따뜻한 모성이 느껴진다.

사례 -10 (발테크 묘화-자극도를 창의적으로 활용한 경우)

그림 분석

자극도를 이용하여 자연, 사물, 상황을 다양하게 표현할 수 있는 창의력이 돋보인다. 정서적 측면과 탐구적인 측면 모두 발달되어 있다.

모자화

검사배경

양육자와 아동 자신을 그림으로 그리게 함으로써 상징적이고 간접적인 표현을 통해 둘 사이의 관계를 파악할 수 있다. 또한 양육자와 아동이 어떠한 행동을 하고 있는 것을 그린 그림 속에서 아동의 양육자에 대한 애착 관계와 감정이 어떻게 투사되고 있는지를 알 수 있다.

검사방법

준 비 물 A4 용지, 4 BH 연필, 지우개

지시내용 1. 내가 아주 어린 아기였을 때 어머니와 내가 무엇인가를 하고 있는 그림을 그리세요.

2. 어머니 대신 다른 사람이 돌봐준다면 그 사람(양육자)과 내가 무엇인가를 하고 있는 그림을 그리세요.

해석기준 1. 활동 내용의 일치 여부 : 등장인물들이 그림 속에서 같은 행동을 하고 있는지, 다른 행동을 하고 있는지 본다. 같은 행동의 경우 상호작용이 잘 이루어지고 있다고 볼 수 있다.

2. 구획 나누기 : 등장인물 사이를 선이나 물체로 나누어서 표현했을 경우, 양육자와 감정을 분리하려는 경향으로 해석할 수 있다.
3. 인물의 표정 : 아동의 마음속에 있는 양육자의 감정이 드러난다고 볼 수 있다.
4. 인물의 위치와 방향과 크기, 필압의 강약 정도: 종이의 중심에 가깝게 그리고 크게 그릴수록, 필압이 강하게 표현될수록 아동에게 중요한 의미가 있는

존재임을 알 수 있다. 또한 인물의 위치가 가깝게 표현되었는지, 얼굴의 방향이 어떤지도 살펴봐야 한다.

모자화를 그려보는 활동을 통하여 주 양육자와 내담자가 가지는 애착 정도를 살펴볼 수 있는데, 크게 안정애착과 불안정애착으로 나누어 살펴볼 수 있다. 주 양육자와 내담자 간에 안아주기, 업어주기 등의 스킨십이 있는 것과 함께 놀이하기, 재워주기, 동화책 읽어주기 등의 상호작용이 있는 것을 안정애착이 있는 것으로 본다. 반면 나의 부재, 주 양육자의 부재, 상호작용 및 스킨십 등이 없는 그림 등은 안정애착이 아닌 것으로 살펴볼 수 있다. 단, 놀이하기 등의 상호작용이 있어도 주 양육자와 내담자 간에 장애물이 있거나 두 인물의 거리가 많은 경우에는 안정애착이라고 볼 수 없다. 그림만으로 애착정도를 가늠하는 데에는 무리가 있고 반드시 내담자가 그린 모자화를 보며 대화를 통해 내담자가 묘사한 모자화에 대한 구체적인 내용을 기반으로 해석해야 한다.

사례 - 1 (모자화)-안전애착 1

그림 분석

"엄마가 저를 업고 엘리베이터 타려고 기다리고 있어요."

엄마가 자신을 업고 있으므로 신체적 접촉이 이루어지고 있다. 엄마와 함께 타려는 엘리베이터는 따뜻하고 희망적인 상징으로 보인다.

사례 - 2 (모자화)-안전애착 2

그림 분석

"엄마가 저를 업고 엘리베이터 타려고 기다리고 있어요."

엄마가 자신을 업고 있으므로 신체적 접촉이 이루어지고 있다. 엄마와 함께 타려는 엘리베이터는 따뜻하고 희망적인 상징으로 보인다.

사례 - 3 (모자화)-안전애착 3

그림 분석

"엄마가 나를 안아주고 있어요."

엄마가 자신을 안고 있으므로 신체적 접촉이 이루어지고 있다. 엄마와 자신에 대한 표정이 매우 긍정적이고 애정을 주고받는 것으로 보인다.

사례 - 4 (모자화)-안전애착 4

그림 분석

"엄마랑 나랑 산책해요."

엄마가 유모차라는 매개물을 이용하여 나와 접촉하고 있으나 모자는 같은 목표를 가지고 있다. 엄마의 손과 아기의 옷이 같은 색으로 칠한 것이 모자의 동질감을 느끼게 한다.

사례 - 5 (모자화)-안전애착 5

그림 분석

"엄마가 유모차 태워주었어요."(산책)

엄마가 유모차라는 매개물을 이용하여 나와 접촉하고 있으나 마치 엄마가 안아주고 있는 느낌으로 표현되어 있다. 모자의 산책길이 화창하게 느껴진다.

사례 - 6 (모자화)-불안전애착 1

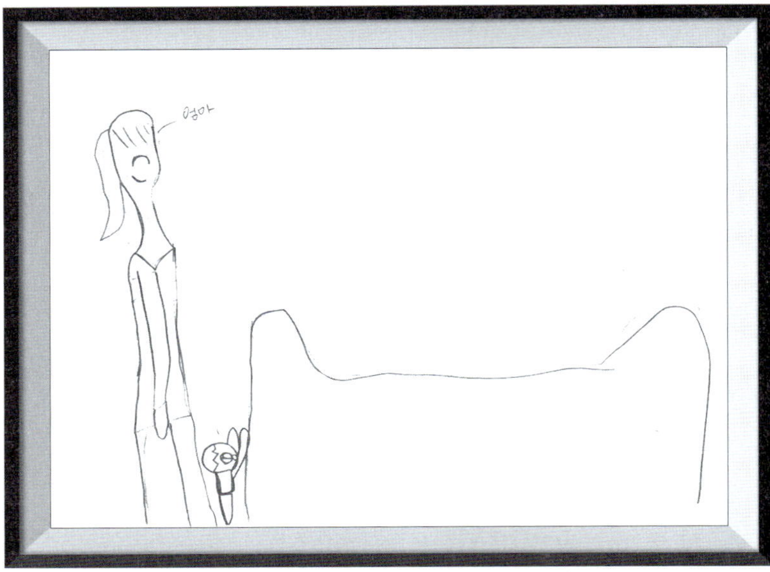

그림 분석

"침대로 올라가는 모습이에요."

엄마와 신체적인 접촉이 없고 엄마는 아이의 욕구에 부응하고 있지 않다. 아이의 작은 모습에 비해 엄마와 침대의 크기가 압도적으로 보인다. 마치 엄마가 요구하는 목표를 아이가 달성하도록 채근하는 모습 같고, 아이는 불가능한 것에 버거워하는 느낌을 보인다.

사례 - 7 (모자화)-불안전애착 2

그림 분석

"엄마가 로봇으로 놀아주고 있어요."

엄마와 아이가 테두리 선으로 분리되어 있어 신체적, 심리적 거리감이 나타난다. 엄마는 놀잇감을 통해 아이에게 다가가지 않고 아이는 놀잇감과 계속 고립되어 있는 상황이다.

사례 - 8 (모자화)-불안전애착 3

그림 분석

"드라마를 보시고 우시는 엄마와 따라서 우는 나."

엄마와 아이의 신체적 접촉이 없고 아이를 침대와 이불이 이중으로 포위하고 있다. 엄마는 우울한 감정을 아이에게 보이고 아이는 엄마의 감정을 미러링(거울효과)하고 있다.

사례 - 9 (모자화)-불안전애착 4

그림 분석

"블록놀이 하고 있는데 우유 먹으라고 하는 엄마. 그래서 우유 먹는 나."

엄마와 아이의 신체적 접촉이 없고 블록으로 경계선이 만들어져 있다. 아이의 욕구와 엄마의 욕구가 서로 충돌한다. 아이는 자신의 욕구를 버리고 엄마의 욕구를 따르는 상황. 엄마는 아이의 필요를 채우기보다 자신의 필요를 채우는 모습이다.

사례 - 10 (모자화)-불안전애착 5

그림 분석

"엄마는 요리하시고 나는 놀아요."

엄마와 아이의 신체접촉이 없고 엄마의 돌봄의 부재가 나타난다. 아동이 그린 자신과 엄마의 표상이 불안하고 부정적으로 느껴진다.

만다라 채색검사

검사배경

만다라를 그리거나 채색하는 작업은 아동에게 차분함과 집중력을 가져다준다. 만다라 작업은 아동의 심리적 긴장을 완화해 주고 스트레스를 극복할 수 있는 힘을 스스로 터득하도록 하기도 한다. 또한, 미술치료의 진단 단계에서 현재에 어떤 심리 상태를 가지고 있는지를 보여주기도 한다.

검사방법

준 비 물 여러 장의 만다라 용지, 색연필이나 크레파스 등 채색 도구

지시내용 1. 만다라는 원과 중심이라는 의미를 가지고 있어요. 내 마음의 중심을 생각하면서 만다라를 골라보세요.

2. 여러 장의 만다라를 교실 바닥에 펴 놓고, 마음에 드는 만다라 앞에 서도록 한다.

3. 자신이 선택한 만다라를 가지고 자리에 와서 색깔을 칠하도록 한다.

해석기준 1. 만다라를 색칠하는 순서 : 중심에서 바깥으로 색칠해 가는 경우는 자아가 중심에 있고 내향적인 성향을 나타내는 경우가 많다. 반대로 바깥에서 중심으로 색칠하는 경우는 자신의 외부 환경에 관심이 많고 영향을 받는 외향적인 성향을 나타낸다고 본다.

2. 채색의 꼼꼼한 정도, 필압의 강약 정도 : 꼼꼼한 채색은 완벽주의적인 경향으로 읽을 수 있고, 강한 스트로크로 채색한 경우는 에너지가 많고 자기주장이 강하거나 심리적 갈등 상황에 있다고 보기도 한다. 반대로 채색을 미완성으로 두거나 연하게 채색한 경우는 자유분방하다고 볼 수도 있고, 에너지 수준이 낮다고 판단할 수도 있다.
3. 색 대비 : 명암이 강하거나 보색을 사용하는 경우 단도직입적 성향이나 양가적인 감정을 드러낸다고 보기도 한다. 따뜻한 색을 사용하는 경우 감성적인 경향으로, 차가운 색을 사용하는 경우는 이성적인 경향을 읽어낼 수도 있다.
4. 색 상징 : 본 교재의 41~42쪽 참고.

사례 - 1(만다라 채색 검사)

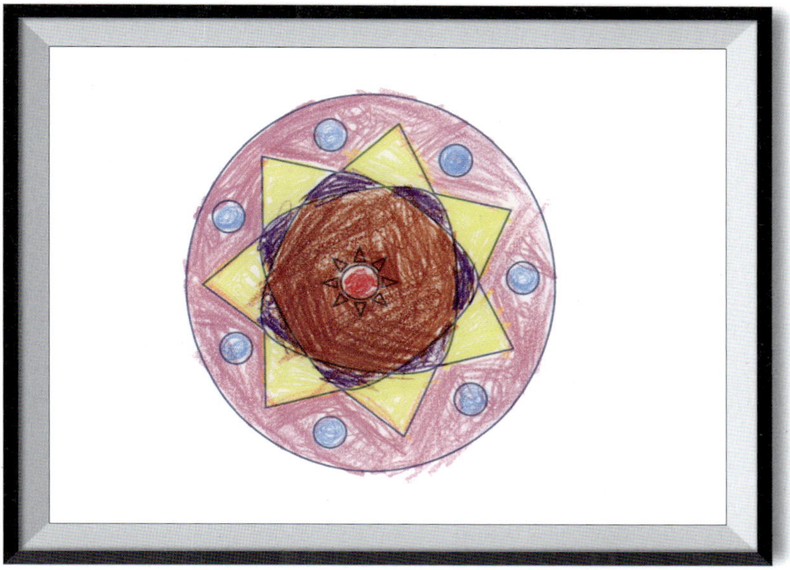

그림 분석

넓은 면적에 칠한 핑크색과 노란색은 애교스럽고 여성적이며, 유아적인 특성이 나타난다. 그러나 금지에 대한 억압이 내면의 에너지를 누르고 있다.

노랗고 보라의 보색과 핑크와 하늘색의 보색은 예측하지 못한 행동이 보인 것으로 예측된다.

사례 - 2(만다라 채색 검사)

그림 분석

전체적으로 색을 칠한 방법이 억압되고 통제하려는 경향을 보인다. 푸른색은 얼어붙은 환경처럼 보이며, 얼굴은 검게 칠하고 뭉갠 것은 마음의 중심에 어둠을 표현한 것이다. 그러나 밖의 붉은색 원은 "Acting out" 하고자 하는 마음의 표현이다. 외부와 내부가 조절되지 않은 충돌이 있다.

사례 - 3(만다라 채색 검사)

그림 분석

“나는 번개가 안 무서워요.”라며 번개 그림을 선택하였다. “번개가 있어도 얼굴은 웃잖아요.”라며 주황색으로 얼굴을 칠하였다. 현재 자신의 상황이 복잡하고 힘들어도 의연하게 대처하려는 느낌이 든다. 밝은 얼굴을 표현하려는 것은 자신의 상태를 극복하고자 하는 마음의 표현으로 본다. 그러나 갈색으로 헝클어지게 칠한 바탕의 느낌은 복잡한 환경을 나타내는 것으로 보인다.

사례 - 4(만다라 채색 검사)

그림 분석

강한 에너지가 보이며 꼼꼼하고 단호한 면이 나타난다. 자기관리가 철저하고 자기주장이 강한 것으로 보인다.

사례 - 5(만다라 채색 검사)

그림 분석

조용하면서도 조심스러운 면이 보인다. 바깥면을 갈색으로 칠한 것으로 보아 자신의 감정을 억압하고 감정표현을 어려워하는 경향이 나타난다.

사례 - 6(만다라 채색 검사)

그림 분석

보색을 사용하여 색을 칠한 것은 단도직입적인 성향이나 양가적인 감정을 읽을 수 있다. 굵고 강한 스트로크는 자기주장성이 뚜렷함의 표현이다. 그러나 초록색으로 테두리를 두른 것은 어른스럽고 예의 바른 태도로 자신을 드러낸다.

사례 - 7(만다라 채색 검사)

그림 분석

가는 색연필로 전체 면적을 꼼꼼하게 메우는 집중력이 보인다. 전체적으로 따뜻한 색을 사용하므로 부드럽고 여성적인 성격을 보인다. 그러나 예민한 성향이 있을 수도 있다.

사례 - 8(만다라 채색 검사)

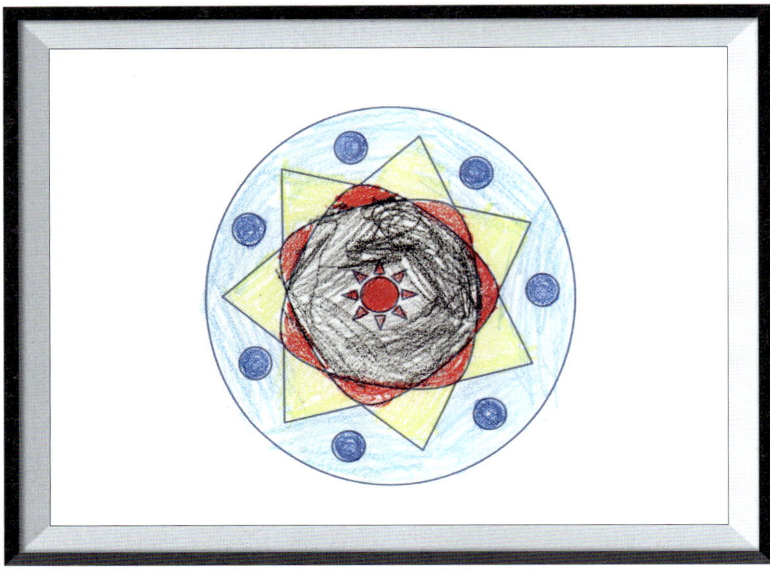

그림 분석

하늘색과 파란색이 차분하고 이지적인 특성을 보인다. 그러나 내면에는 유아적인 의존과 자기감정을 드러내고자 하는 욕구가 보인다(노란색과 빨간색). 검게 칠한 내면의 원은 유아의 부정적인 어떤 면이 있음을 암시한다. 그럼에도 내적인 에너지가 살아있다.

2 사례연구
미술매체를 통한 심리불안 아동의 정서 안정 프로그램

연구의 필요성

불안정 애착으로 인한 심리불안 아동을 미술매체를 이용해 치료하고자 하였다. 낮은 통제의 습식 매체를 통해 감정을 발산하고, 정서적 이완을 경험하게 하여 안정된 애착으로 나아갈 수 있게 하고자 하였다.

연구 대상

5세 여아로 아버지, 어머니, 2세인 동생과 함께 산다. 아버지는 직장 생활로 바쁘고, 어머니는 전업주부이다. 동생이 태어나면서 내담자의 양육을 도우미 아주머니가 돕고 있다.

내담자는 18개월부터 거의 완벽한 문장을 구사하였으며, 자신의 감정을 언어화하는 데 능숙하였다. 주변 사람들로부터 영리한 아이라는 칭찬을 듣고, 부모로부터 사랑을 독차지하다가, 남동생이 태어나면서 심리적 변화를 겪은 것으로 보인다. 동생이 태어나면서 친척 할머니께 내담자의 양육을 맡기고, 또 도우미 아주머니가 많은 시간을 돌봐왔다.

이런 과정에서 심한 분리불안을 보이며, 유치원을 비롯해 다른 교육을 거부하였다. 또한 밥을 떠먹여 달라는 등 퇴행적 행동을 통해 모든 일에 엄마의 보살핌을 요구하였다.

1회기 : 난화

미술치료

눈을 감고 마음대로 낙서하라고 하자 그린 그림이다. 무엇이 보이느냐고 하자, 우주선이 혼자 ○○이 집에 놀러 왔다고 했다. "우주선은 여섯 살이거든! 난 다섯 살이라서 못 가."라며 자신에 빗대어 이야기했다.

심리분석

우주선이 여섯 살이라서 엄마와 떨어져 혼자 놀러 갈 수 있고, 자신은 다섯 살이라서 혼자 가지 못한다고 한 것은 분리불안심리의 표현이고, 여섯 살이 되면 혼자서도 갈 수 있을 것이라고 기대하는 마음이 있음을 알 수 있다.

2회기 : 누리에 가족 컬러

미술치료

사람 모양으로 오려온 종이를 펼쳐 놓으며 ◯◯이의 가족을 색칠해 보았다. 자신은 분홍색, 동생은 하늘색으로 주황색 도우미 아주머니의 손을 잡고 가지 말라고 한다고 했다. 엄마는 빨간색으로 목까지 칠하고, 아빠는 파란색으로 칠해 엄마 아빠가 손을 잡고 있는 모습으로 붙였다.

심리분석

아빠는 이성적이라 여기고, 엄마에게는 강렬한 감정을 부여하고 있으며, 도우미 아주머니가 가지 못하게 붙잡고 있는 모습에서 아이의 절박함을 볼 수 있다. 사랑받고자 하는 마음을 분홍색으로 나타냈다고 본다.

3회기 : 오줌싸개 그림과 물감자유작업

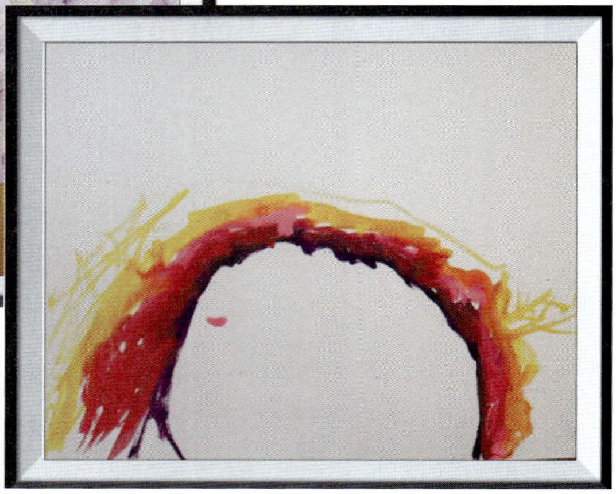

미술치료

화선지에 물뿌리개로 물을 뿌려 준 후 붓으로 물감을 떨어뜨리도록 했다. 먼저 노란색으로 하고 다음으로 보라색을 선택했다. "아기가 오줌을 쌌대!", "어디에?", "이불에"라고 하자 '하하하' 웃었다.

오줌싸개 질문에 별 반응이 없던 아이가 손발에 물감을 묻혀 찍는 놀이에 열중했고, 붓에 물감을 묻혀 무지개 모양의 자유화를 그렸다.

심리분석

- 보다 적극적으로 작업에 임하기 시작했다. 감정에 맞게 분홍색과 검은색을 손, 발로 찍었다. 무지개로 감정을 통합하였다.
- 퇴행과 항문기에 대한 표출은 심리적 성장의 단계에 꼭 필요한 과정이다. 이때 '안아주기'의 반응을 통해 안정감을 얻고 마음껏 표출하게 된다.

4회기 : 밀가루 풀 작업

미술치료

따뜻한 밀가루 풀의 감촉을 좋아했으나, 손으로 만지는 것을 꺼렸다. 괜찮다고 안심시키자 조금씩 만지다가 여러 가지 색깔을 섞으며 놀았다. 마지막에는 여러 가지 색깔의 밀가루 풀을 다 섞어 수프를 만들었다. 딸기수프라고 했다. 수프에 이쑤시개를 잘라 넣었다.

심리분석

- 따뜻한 밀가루풀이라는 매체로 정서적 이완을 시도하였다.
- 전 회기의 퇴행적 표현을 더욱 안전하게 받아주는 과정으로 충분한 퇴행을 경험하도록 한다.

5회기 : **밀가루 점토 작업**

미술치료

밀가루를 쏟아 매체의 감촉을 느끼게 하고 물을 부어 반죽했다. 반죽에 색을 섞었다. 아이는 큰 그릇에 밀가루와 물을 더 넣고 빨대로 저었다. 딸기 주스라며 엄마에게 마시라고 했다.

심리분석

- 밀가루 풀보다 조금 더 단단한 매체인 밀가루 점토를 경험하게 하였다. 밀가루의 부드러움을 통해 정서를 이완하고, 스스로 밀가루에 물을 많이 섞어 더 물기가 많은 매체로 만들어 작업하였다.
- 퇴행활동을 통해 억압되었던 정서·감각이 이완되는 경험을 하게 된다.

6회기 : 화산 폭발 작업

미술치료

대야에 신문지를 잘게 찢어 넣고, 물을 넣어 반죽한 후 플라스틱병에 붙여 화산을 꾸몄다. 여기에 색을 칠하였다. 아이는 신문지를 작고 동그랗게 뭉쳐 병 안에 넣는 작업을 계속 했다. 병 안에 소다를 넣고 식초를 부어 폭발 작업을 했다. 다섯 번을 연거푸 하더니 이제 그만 한다고 했다.

심리분석

- 먼저 신문지 찢기와 주무르기, 비틀어 짜기를 반복하여 감정을 발산하고, 화산 폭발 작업을 통해 더욱 감정 표출에 열중했다. 다섯 번 작업한 후, 이제 그만해도 된다고 하여 감정의 정화를 경험한 것으로 보인다.
- 정서·감각이 충분히 경험되면 안전대상을 향해 감정의 공격성이 표출되고 그러한 행동이 안전하게 받아들여질 때 대상에 대한 신뢰감을 형성하게 된다.

7회기 : 면도 크림 자유 작업

미술치료

면도 크림을 주자 무척 좋아하며, 스스로 만지고, 불고, 발로 밟으며 자유롭게 작업했다. 치료가 끝난 후에도 욕조에 담아 목욕하며 놀았다. 다음에 또 하고 싶다고 했다.

심리분석

- 전에 한 작업들에서 습식 매체가 손에 묻는 느낌을 부자연스러워하여 자꾸 씻고 싶어했는데, 이번 작업에서는 매우 능동적으로 작업하는 모습을 보였다. 점점 더 엄마에게 의지하지 않는 모습을 보였다. 정서적 안정감을 찾아가고 있다고 생각된다.
- 신뢰감이 형성되면 자율성이 나타나게 되고, 의존성에서 벗어나 자신의 의지를 스스로 연습하는 과정을 경험하게 된다.

8회기 : 물감 찍기

미술치료

큰 대야에 물을 받고, 지점토를 가위로 잘라 빠뜨리게 했다. 나무 주걱으로 저었다. 일회용 그릇들에 물감을 짜 넣고, 지점토 섞은 물을 부어 물감물을 만들었다. 야채에 물감물을 묻혀 찍어보게 하였다. 나중에 큰 페인트 붓을 주자 물감을 묻혀 원을 만들었다.

심리분석

- 야채로 물감을 찍는 감촉을 느끼며 심리적 불안이 해소되는 경험을 하였다. 큰 붓으로 원모양을 돌려 그린 것은 안정감을 찾아가며 만들어낸 만다라의 모습으로 해석된다.
- 대근육을 마음껏 움직이면서 자신의 신체를 실행해보고, 통제해 나가는 과정을 통해 자율감이 더욱 왕성하게 발달하게 된다.

9회기 : 종이 오리기-알에서 깨어남

미술치료

여러 장의 전지를 바닥에 펼쳐 놓았다. 아이는 한참 종이를 바라보다가 말했다. “이거 좀 잘라도 돼?” 그러고는 종이를 이불처럼 덮고는 가위로 중앙을 잘라나갔다. “어, ○○이 어디 갔지?” “나 여기 있어! 알에서 깨어나고 있어!”라며 새 종이를 다시 머리에 쓰고는 또 잘랐다. “나처럼 해 봐!”라고 하며 함께 알에서 깨어나는 놀이를 했다.

심리분석

- 지금까지의 습식매체 작업에서 심리적 이완을 하고 안정을 되찾은 내담자는 스스로 건식 종이를 이용해 다시 태어나는 경험을 선택했다. 아이는 집중해서 큰 종이를 잘랐고, 그 속에서 자신이 새롭게 태어나는 심리적 경험을 한 것이다.

  **종이라는 매체는 아이 자신이 가지고 있는 틀이고, 정서적 억압이 전이된 것이다. 아이는 그것을 깨고 자유로운 자기 자신으로 새롭게 탄생한 것이다.
- 내면의 힘을 확인하면 외부와 새로운 세계에 대한 호기심과 탐구심이 생긴다. 내면과 외부를 느끼고 경험해 볼 수 있는 활동은 스스로 독립하려는 시도의 출발이 된다.

10회기 : **신발 만들기**

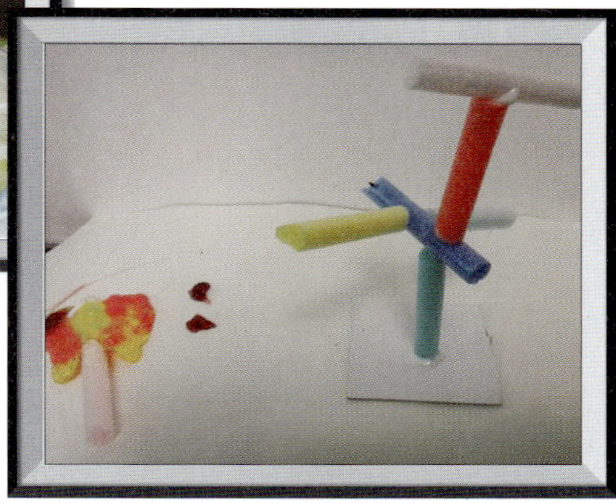

미술치료

엄마에게 아이를 위한 선물을 만들자고 하자 신발을 만들게 되었다. 지끈으로 섬세한 신발이 만들어졌다. 아이는 그동안 수수깡 인형을 만들었다.

심리분석

- 엄마와 아이가 각자 자신의 작업에 집중하였다. 아이는 이제 엄마에게 심리적으로 의존하지 않는 독립적인 모습을 보여주었다.
- 신발과 인형은 신체에 대한 통각이 생긴 것이며 분리에 대한 상징이다. 애착 관계를 이룰 대상과 서로 선물을 교환하는 행위는 따로, 같이라는 건강한 의존과 독립의 양면을 갖는 것이다.

11회기 : 전신 그리기

미술치료

아이에게 전지에 누우라고 하고, 엄마가 아이의 몸을 따라 그리게 했다. 그 다음 함께 꾸민다. 아이는 자신의 분신인 토끼인형도 그리자고 했다.

심리분석

- 아이는 엄마가 몸을 쓰다듬으며 그리고 예쁘게 꾸며 주는 것을 매우 만족스러워했다. 자존감을 향상시키고자 한 작업이었다.
- 독립된 한 개체를 객관적으로 바라볼 수 있는 활동이다. 자신과 엄마가 함께 꾸미는 과정에서 심리적 협응력과 서로의 존중감을 경험하게 된다.

12회기 : **선물 주기**

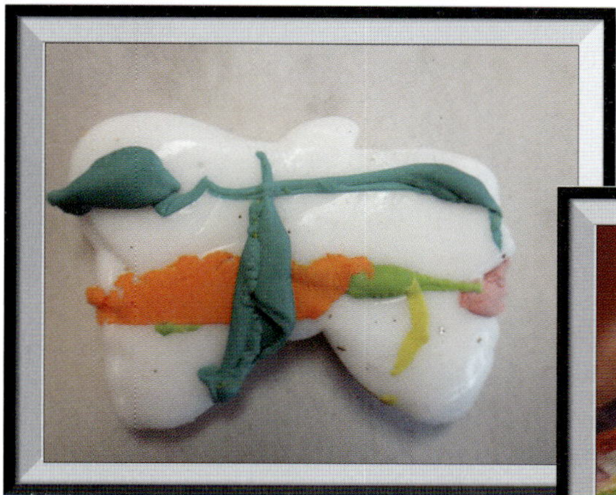

미술치료

마지막 순서로 서로에게 선물 주기로 마무리했다. 아이는 엄마에게 줄 나비를 아이클레이와 고무 찰흙으로 만들었다. 그 옆에 고무 찰흙으로 만든 벽. 치료자가 선물한 장미꽃이다.

심리분석

- 엄마는 왕관을 만들어주었는데, 아이는 왕관에 고정시킬 고리를 만들어 줄 것과 치료자가 준 선물인 장미에 가시를 만들 것을 요구했다. 자신의 의견을 정확히 한다.
- 자신을 소중하게 여기는 경험을 하면 타인도 소중하게 여길 수 있다. 자신이 필요로 하는 것을 알고 요구했을 때 받아들여지면 타인의 요구를 받아들일 수 있는 심리적 공간이 생긴다. 서로에게 선물을 만들어 주는 활동이 이러한 여러 가지의 심리적 상호작용을 경험할 수 있게 해 준다.

3 자연물을 활용한 미술치료 활동

자연물을 활용한 미술치료 활동의 중요성

자연물은 표현 매체로서 유아가 일상생활에서 쉽게 발견할 수 있는 것으로써 유해하지 않으며, 인공적인 매체들에 비하여 유아의 심신안정에 도움을 줄 수 있는 매체이다. 또한 각기 다른 독특한 형태와 색, 무늬 등을 가지고 있어 연상작용을 통해 유아들로 하여금 쉽게 표현하고자 하는 대상을 표상할 수 있다. 자연물을 활용한 미술치료 활동은 유아에게 생명력을 느끼게 해 주며 자연적 질서의 순환원리에 따라 수시로 변화하며 모습을 바꾸는 재료를 활용함으로써 생태계에 대한 이해뿐 아니라 과학적 사고, 자연친화적 능력 등을 신장시킬 수 있다.

자연물을 활용한 미술치료 활동의 효과

자연물을 활용한 미술치료 활동의 효과는 다음과 같다.

첫째, 자연물을 활용한 미술치료 활동을 통해 유아가 지니는 심리적 상태를 생동감 있게 살펴볼 수 있다.

둘째, 자연의 미적 특성을 탐색하는 경험을 통하여 시지각의 발달을 도모한다.

셋째, 자연물에 대한 미적 감수성을 높이며 독특한 상상력과 창의적 표현을 할 수 있다.

넷째, 자연물을 활용한 미술치료 활동 시 다양한 표현활동을 통해 유아의 정서 지능을 형성하는 데 도움을 줄 뿐 아니라 기초학습능력 형성에도 긍정적인 영향을 미친다.

다섯째, 자연물을 활용한 미술치료 활동은 긍정적인 자아개념 형성, 스트레스 해소, 심리적 안정 등 정서적 발달영역에도 도움이 된다.

1) 초기 탐색 작업

(1) 내면 탐색과 이해

활동명 : 나뭇잎 속 얼굴

대상연령 만 4세

활동형태 대집단-개인

심리 · 정서 목표

- 자연물 속에서 다양한 표정을 연상해낼 수 있다.
- 표정을 연상하고 찾는 과정을 통해 다양한 감정에 대해 이해한다.

준 비 물 나뭇잎, 나뭇가지, 색연필, 사인펜, 본드, 꾸미기 재료

활동내용

1. 재료를 탐색하며 이야기를 나눈다.
   - 여기에 무엇 무엇이 있니?
   - 이것들의 모양이 모두 똑같니?
   - 서로 모양이 다르다면 각각 어떤 모양이니?

2. 나뭇잎(자연물)에서 다양한 표정을 찾아 탐색해 본다.
   - 표정을 찾아본다면 어떤 표정일까? (무늬, 선, 면 등을 탐색)
   - 왜 그렇게 생각을 했니?

3. 나뭇잎 속 얼굴 활동을 소개한다.

<나뭇잎 속 얼굴>

- 도화지에 나뭇잎(자연물)을 붙인다.
- 나뭇잎(자연물)에서 찾아낸 표정을 꾸미기 재료를 이용하여 추가로 꾸며 본다.

4. 나뭇잎 속 얼굴 활동을 한다.
- 어떤 표정을 찾았니?
- 이건 무슨 표정을 나타낸 것이니?
- 이 나뭇잎은 지금 어떤 기분일까?
- 너는 어떨 때 이런 표정을 짓니?

5. 완성된 작품을 전시하며 다양한 감정에 대해 이야기를 나눈다.

활동사진

활동 시 유의사항

유아들이 표정을 연상해내기 어려워하면 교사가 함께 표정을 탐색하며 연상활동이 원활하게 이루어질 수 있도록 한다.

확장활동 신체표현-표정 짓고 감정 알아맞히기

활동명 : 솔방울 인형

대상연령 만 4세

활동형태 대집단-개인

심리 · 정서 목표

- 감각 기능을 발달시킨다.
- 자신의 감정을 표현한다.
- 상호작용을 경험한다.

준 비 물 솔방울, 점토, 눈알, 모루 등 꾸미기 재료

활동내용

1. 솔방울을 탐색한다.
   - 솔방울의 모양은 어떠니?
   - 만져 보면 느낌이 어떨 것 같니?
   - 만져 보니 느낌이 어떠니?
   - 냄새는 어떠니?

2. 솔방울 인형활동을 소개한다.

<솔방울 인형>

- 나의 얼굴과 몸을 솔방울과 점토로 만든다.
- 눈알 모루 등 꾸미기 재료로 인형을 꾸며 준다.

3. 솔방울 인형을 만든다.
   - 점토를 만지니 어떤 느낌이니?
   - 너의 얼굴을/몸을 어떻게 표현하고 싶니?
   - 너의 얼굴/몸을 표현한다면 어떤 재료를 사용하고 싶니?

4. 솔방울 친구들이라면 서로 어떤 이야기를 나눌 수 있을지 역할놀이를 해 본다.

- 서로 친한 친구 사이라면 어떤 이야기를 할까?
- 서로 화가 난 친구 사이라면 어떤 이야기를 할까?

활동사진

활동 시 유의사항

솔방울에 꾸미기 재료가 잘 붙지 않으므로 교사가 글루건을 사용하여 도와준다.

확장활동 자연탐구 : 상온에서의 점토변화 관찰하기

활동명 : 감정 가면 만들기

대상연령 만 4세

활동형태 대집단-개인

심리 · 정서 목표

- 내 안의 감정에 따라 표정이 바뀌는 것을 안다.
- 감정은 자연스럽게 표현하는 것이 좋다는 것을 안다.

준 비 물 김, 두꺼운 도화지, 색종이, 가위, 크레파스, 감정카드

활동내용

1. 감정카드를 보면서 여러 가지 느낌과 감정에 대해 이야기를 나눈다.
   - 나에게는 어떤 기분들이 있을까?
   - 지금은 어떤 기분이니?
   - 기분이 좋을 때, 나쁠 때 표정은 어떻게 변하니?
   - 감정카드와 같은 표정을 지을 때는 어떤 마음일까?

2. 활동재료(김, 색종이)를 탐색한다.
   - 이 재료는 언제 사용하는 것일까?
   - 이 재료들로 무엇을, 어떻게 꾸미면 좋을까?

3. 나만의 가면 만들기 활동을 소개한다.

<나만의 가면>

- 크레파스로 나만의 감정을 그린다.
- 재료(김, 색종이)를 이용하여 나의 감정을 표현한다.

4. 각자 자리에 앉아서 크레파스로 나의 감정을 그려 본다.
   - 어떤 감정을 표현하고 싶니?
   - 나의 감정에 이름을 붙여 준다면 뭐라고 붙여줄 수 있을까?
   - 또 다른 감정을 표현해 볼까?

5. 재료들을 사용하여 나의 감정을 표현해 본다.
   - 김이나 색종이로 무엇을 표현하고 싶니?

6. 완성된 작품에 나의 감정을 글로 써 본다.

7. 나의 감정을 친구들 앞에서 소개해 보고 이유를 말해 본다.

활동사진

활동 시 유의사항

김이 물풀에 쉽게 젖으므로 딱풀을 사용한다.

확장활동 신체표현 : 김 찢어 날리기

활동명 : 옥수수 인형

대상연령 만 3세

활동형태 대집단-개인

심리 · 정서 목표

- 옥수수의 특성을 탐색한다.
- 자기 자신의 감정을 표현할 수 있다.

준 비 물 옥수수, 모루, 고무줄 등 꾸미기 재료, 자신의 다양한 모습(웃는 모습, 우는 모습, 행복, 화남 등) 사진을 인쇄한 종이

활동내용

1. 옥수수에 대한 이전 경험을 회상하며 이야기를 나눈다.

2. 옥수수를 다양한 방법으로 탐색한다.
   - 냄새를 맡아보니 어떤 냄새가 나니?
   - 만져 보니 어떤 느낌이 드니?

3. 옥수수 인형 만들기 활동에 대해 소개한다.

〈옥수수 인형 만들기〉

- 자신의 사진 중에서 긍정감정, 부정감정의 사진을 하나씩 고른다.
- 옥수수와 꾸미기 재료를 활용하여 나를 닮은 인형을 만든다.

4. 옥수수 인형을 만든다.
   - 나의 어떤 모습이 닮았으면 좋겠니?
   - 나의 ○○한 모습을 어떻게 표현했니?

5. 서로의 작품을 감상하며 자신과 친구의 인형에게 하고 싶은 말을 해 본다.

- 나와 친구의 인형에게 뭐라고 말해 주고 싶니?
- 지금 인형은 어떤 기분일까?

활동사진

활동 시 유의사항

'나'의 특징에 대해 충분히 이야기를 나눈 후 표현할 수 있도록 지도한다.

확장활동 언어활동 : 옥수수 인형을 활용한 인형극놀이

활동명 : 양말인형 만들기

대상연령 만 3세

활동형태 대집단-개인

심리 · 정서 목표

- 감정에 따라 얼굴표정이 다르게 나타나는 것을 안다.
- 다양한 감정에 대한 이야기를 나누며 자신이 경험한 감정에 대해 이야기한다.
- 자신의 감정을 표현함으로써 카타르시스를 경험한다.

준 비 물 양말, 솜, 리본, 글루건, 눈알, 단추, 털실, 감정표정 얼굴샘플

활동내용

1. 감정표정 얼굴 샘플을 보며 감정에 대해 이야기를 나눈다.
   - 어떤 감정인 것 같니?
   - 언제 그런 감정을 느꼈었니?
   - 그런 감정을 느낄 때 어떻게 표현하니?(언어, 표정, 태도)

2. 양말인형 만들기를 소개한다.

<양말인형 만들기>

- 양말에 솜을 넣는다.
- 양말을 묶고 눈알, 단추, 털실 등 다양한 재료를 이용하여 인형을 꾸민다.

3. 양말인형을 만든다.
   - 얼굴표정을 어떻게 꾸미면 감정을 나타낼 수 있을까?
   - 너의 인형은 어떤 인형으로 만들고 싶니?
   - 눈/코/머리카락 등은 무엇으로 표현하고 싶니?

4. 양말인형의 표정에 따라 역할놀이를 한다.

활동사진

활동 시 유의사항

양말에 솜을 넣고 묶을 때 교사가 튼튼하게 묶을 수 있도록 도와준다.

면에 꾸미기 재료가 잘 붙지 않으므로 글루건을 이용하여 꾸미기를 도와준다.

확장활동 언어활동 : 양말인형을 활용한 역할놀이

활동명 : 갑옷 만들기

대상연령 만 4세

활동형태 대집단-개인

심리 · 정서 목표

- 자신의 부정적 감정에 대해 이해하고 극복의지를 기른다.
- 다양한 감정에 대해 알고 다른 사람의 감정을 존중하는 태도를 지닌다.

준 비 물 나무껍데기, 유아얼굴 사진, 목공용 풀, 골판지 판, 네임펜

활동내용

1. 활동재료를 탐색하며 이야기를 나눈다.
   - 골판지를 만지니 느낌이 어떠니?
   - 나무껍질을 만지면 어떤 느낌일 것 같니?
   - 나무껍질을 보니 생각나는 것이 있니?

2. 내가 두려워하는 것, 나를 아프게 하는 것 등 부정적인 감정에 대해 이야기를 나눈다.
   - 가장 두려워하는 것은 무엇이니?
   - 나를 힘들게 하는 것이 있다면 이야기해 줄 수 있니?

3. 갑옷 만들기 활동을 소개한다.

<갑옷 만들기>

- 골판지에 유아 얼굴 사진을 붙인다.
- 나무껍질로 갑옷을 만든다.
- 무기 등을 만들어 더해준다.
- 말풍선으로 극복의지를 표현한다.

4. 활동을 한다.

- 나무껍질이 너희를 힘들게 하는 것들로부터 지켜주는 튼튼한 갑옷이 되어 줄 거야.
- 어떤 일로부터 나를 지켜주고 싶니?
- 나를 지켜줄 수 있는 것들을 더 만들어 줄 수 있을까?
- 힘이 들 때 어떤 말을 하면 힘이 날 수 있을까?

5. 갑옷을 입은 나의 모습을 보며 느껴지는 감정에 대해 이야기를 나눈다.

- 갑옷을 입은 나의 모습을 보니 어떤 기분이 드니?

활동사진

활동 시 유의사항

나무껍질이 날카롭고 거칠기 때문에 조심히 다룰 수 있도록 지도한다.

확장활동 언어활동 : 부정적 감정과 이를 이겨낼 수 있는 극복카드 만들기

(2) 가족관계 탐색과 이해

활동명 : 나뭇잎 둥지

대상연령 만 4세

활동형태 대집단-개인

심리 · 정서 목표

- 새둥지의 역할과 특징을 알고, 둥지 속에서 보호받는 안전함을 경험한다.
- 다양한 모양의 재료들을 이용하여 창의적인 경험을 한다.

준 비 물 나뭇잎, 나뭇가지, 호두 등 견과류, 본드, 눈 스티커 등 꾸미기 재료

활동내용

1. 다양한 종류의 나뭇잎, 나뭇가지 등의 재료를 탐색한다.
   - 만져보니 느낌이 어떠니?
   - 어떤 자연물이 가장 튼튼할까?
   - 이 나뭇잎과 나뭇가지로 무엇을 만들 수 있을까?

2. 새알을 보호할 수 있는 방법에 대해 이야기를 나눈다.
   - 새들은 새알을 어떻게 보호하니?
   - 만약 호두가 새알이라면 우리가 새알을 어떻게 보호해 줄 수 있을까?

3. 나뭇잎 둥지 활동을 소개한다.

<나뭇잎 둥지>

- 나뭇잎과 나뭇가지를 이용하여 둥지를 만든다.
- 견과류에 눈 스티커를 붙이고 꾸미기 재료를 이용하여 꾸며 준다.
- 나뭇잎 둥지에 견과류로 만든 새알을 넣어 준다.

4. 완성된 작품을 감상하며 이야기를 나눈다.

활동사진

활동 시 유의사항

재료를 순차적으로 탐색할 수 있도록 지도한다.

나뭇가지를 다루며 다치지 않도록 주의하고, 유아들 스스로 둥지를 만들기 위한 틀을 잡기 어려우므로 교사가 도와준다.

확장활동 신체표현 : 내가 만약 새알이라면 어떤 자세로 둥지 안에 있을지 신체로 표현해 본다(선생님은 어미새가 되어 새알 자세로 있는 유아들을 토닥거려 준다).

활동명 : 완두콩 초상화

대상연령 만 3세

활동형태 대집단-개인

심리 · 정서 목표

- 가족들의 감정을 다양한 표정으로 나타내 본다.
- 가족의 감정에 대해 이해할 수 있다.
- 나와 가족의 다양한 감정에 대해 이해하고 존중하는 태도를 지닌다.

준 비 물 완두콩, 콩깍지, 점토

활동내용

1. 활동재료를 탐색하며 이야기를 나눈다.
   - 완두콩을 먹어 본 적 있니?
   - 냄새를 맡아보니 어떠니?
   - 점토를 주물러 보자. 느낌이 어떠니?

2. 가족 구성원을 떠올려 보고 가족 구성원의 특징에 대해 이야기를 나눈다.
   - 엄마(아빠)의 얼굴은 어떻게 생겼니?
   - 눈, 코, 입은 어떠니?
   - 엄마(아빠)는 행복할 때 어떤 표정을 짓니?
   - 엄마(아빠)는 슬플 때 어떤 표정을 짓니?

3. 완두콩 초상화 활동을 소개한다.

<완두콩 초상화>

- 가족 구성원 중 표현하고 싶은 사람을 선택한다.
- 점토로 얼굴모양 틀을 만든다.
- 완두콩과 완두콩 깍지를 이용하여 가족의 초상화를 꾸민다.

4. 활동을 한다.

- 누구의 얼굴을 표현하고 싶니? 왜 그렇게 생각했니?
- 엄마(아빠)의 어떤 모습을 표현해주고 싶니?
- 엄마(아빠)는 지금 어떤 기분일까?

5. 가족 초상화를 보며 엄마(아빠)에게 하고 싶은 말을 해 준다.

- 행복한 엄마(아빠)에게 뭐라고 말해 줄까?
- 슬픈 엄마(아빠)에게 뭐라고 말해 주고 싶니?

활동사진 대집단-개인

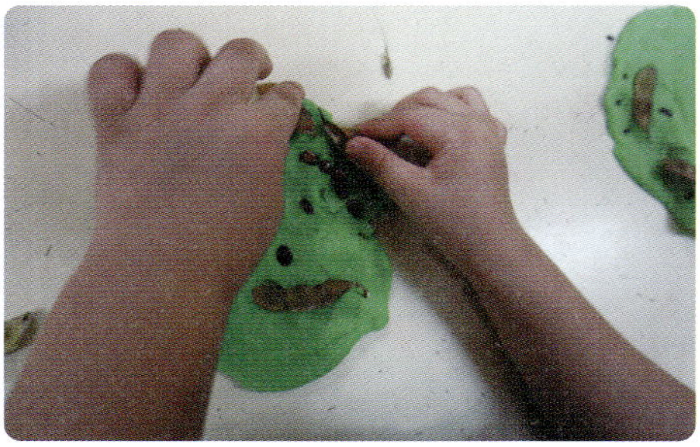

활동 시 유의사항

콩의 크기가 작으므로 활동 시 안전에 유의할 수 있도록 주의하며, 콩깍지는 딱딱하고 뾰족하므로 조작 시 조심히 할 수 있도록 지도한다.

확장활동 언어활동 : 가족소개 책 만들기

활동명 : 감자와 고구마 가족

대상연령 만 3세

활동형태 대집단-개인

심리 · 정서 목표

- 역할극을 통하여 즐거운 마음을 갖는다.
- 가족 역할극을 통하여 부모님에 대한 감정을 표현할 수 있다.

준 비 물 눈 스티커, 고구마, 감자, 가족사진

활동내용

1. 사진을 보면서 나의 모습을 관찰한다.
   - 사진 속의 나는 어떻게 생겼니?

2. 부모님과 나의 모습을 비교해 본다.
   - 나는 부모님과 어떤 점이 비슷하니?
   - 내가 부모님의 모습과 다른 점은 무엇이라고 생각하니?

3. 고구마와 감자로 부모님과 나의 모습을 꾸민다.

〈감자와 고구마 가족〉

   - 부모님과 어울리는 고구마를 고르고 나의 모습과 닮은 감자를 고른다.
   - 여러 가지 눈 스티커를 이용해 부모님과 나의 모습을 꾸민다.

4. 감자와 고구마 가족을 보며 이야기를 나눈다.
   - 고구마의 어떤 모습이 나의 부모님과 닮았다고 생각했니?
   - 감자에서는 어떤 면이 나를 닮았다고 생각하니?

5. 유아가 만든 고구마 부모님과 내 모습 감자 인형으로 앞에 나와서 역할극을 해 본다.
- 내가 엄마(아빠)에게 하고 싶은 이야기는 무엇이니?
- 엄마(아빠)가 나에게 하고 싶은 이야기는 무엇이니?

활동사진

활동 시 유의사항

교사는 부모님에 대한 생각과 느낌을 회상할 수 있도록 상호작용하여 돕는다.

확장활동 언어활동 : 감자 고구마인형 인형극

활동명 : 완두콩 가족화

대상연령 만 4세

활동형태 대집단-개인

심리 · 정서 목표

- 완두콩에 가족들의 다양한 감정을 나타내며 나와 다른 사람의 감정을 이해한다.
- 다양한 감정에 대해 알고 표현할 수 있다.

준 비 물 완두콩(콩류), 네임펜, 액자 틀

활동내용

1. 재료를 탐색하며 이야기를 나눈다.

-완두콩을 만져 보니 어떤 느낌이 드니?

- 냄새는 어떠니?

2. 완두콩 가족화 활동을 소개한다.

<완두콩 가족화>

- 완두콩에 네임펜을 이용하여 가족의 감정 그림을 그린다.
- 완성된 그림을 감정별로 분류하여 액자를 구성해 본다.

3. 완두콩 가족화 활동을 한다.

- 우리 가족이 기분 좋을 때는 어떤 표정이니?
- 우리 가족이 화가 난 표정은 어떻게 표현해 볼 수 있을까?

4. 완성된 작품을 감상하며 가족의 감정에 대해 이야기를 나눈다.

- 우리 가족은 언제 기분이 좋니?
- 우리 가족은 언제 화가 나니? 그때 가족의 표정은 어떠니?

활동사진

활동 시 유의사항

완두콩의 크기가 작으므로 그림을 그릴 때 섬세하게 표현될 수 있도록 지도한다.

확장활동 미술활동-감정연상카드 만들기

활동명 : 귤 껍질 아트

대상연령 만 4세

활동형태 대집단-개인

심리·정서 목표

- 귤 껍질의 냄새를 맡으며 어떤 기분인지 어떤 기억이 떠오르는지 이야기를 나누며 감정과 경험을 자각한다.
- 가족의 얼굴표정을 자유롭게 표현하며 가족에 대한 자신의 감정을 자연스럽게 표현한다.

준 비 물 귤 껍질, 유성펜

활동내용

1. 귤 껍질을 살펴본다.
   - 만져 보니 느낌은 어떠니?
   - 모양은 어떠니?
   - 앞면과 뒷면의 모양은 어떻게 다르니?
   - 냄새를 맡아보니 어떠니?
   - 이런 냄새, 맛을 생각하면 어떤 일이 기억나니?

2. 귤 껍질 아트 활동을 소개한다.

〈귤 껍질 아트〉

- 귤 껍질로 모양을 만들어 엄마(아빠) 얼굴을 구성한다.
- 유성펜을 이용하여 얼굴을 추가로 꾸며 준다.

3. 활동을 한다.
   - 엄마의 얼굴은 어떤 모양으로 만들까?
   - 엄마(아빠)가 좋을 때/화났을 때 얼굴 표정은 어떠니?

- 엄마(아빠)의 얼굴 중 가장 표현하고 싶은 곳은 어디니?
- 엄마의 머리카락/눈 등은 어떻게 표현하고 싶니?

4. 그림을 감상한다.

- 귤 껍질이 어떻게 변했니?
- 엄마(아빠)의 얼굴을 보니 어떤 기분이 드니?
- 엄마(아빠)에게 무슨 이야기를 하고 싶니?

활동사진

활동 시 유의사항

가위를 사용 시 주의하며, 부모님에 대한 유아의 생각과 느낌이 잘 표현될 수 있도록 상호작용한다.

확장활동 자연탐구 : 완성된 귤 껍질 활용하여 귤 껍질 손 난로 만들기

활동명 : 미역 바닷속 풍경

대상연령 만 3세

활동형태 대집단-개인

심리 · 정서 목표

- 가족 구성원을 바다 생물로 표현하는 과정에서 각 구성원의 소원을 안다.

준 비 물 미역, 아세테이트지, 사인펜, 색연필, 파스텔, 가위

활동내용

1. 바닷속 생태계에 대해 이야기를 나눈다.
   - 바닷속에는 어떤 것들이 있을까?

2. 마른미역과 불린 미역을 탐색 · 비교해 본다.
   - 미역을 만져 보니 느낌이 어땠니? 무슨 맛이 나니?
   - 두 가지 미역은 어떤 점이 다를까?

3. 미역 바닷속 풍경을 꾸민다.

<미역 바닷속 풍경>

   - 바닷속 생태계를 자유롭게 그려 본다.
   - 물고기 가족을 그린다.
   - 색칠을 한 후 마른미역을 잘라서 붙인다.
   - 파스텔로 바다를 칠한다.

4. 물고기 가족에 대해 이야기를 나눈다.
   - 물고기 가족이 좋아하는 것은 무엇이니?
   - 물고기 가족이 싫어하는 것은 무엇이니?

■■ 물고기 가족에게 지금 필요한 것은 무엇이니?

5. 물고기 가족에 제목을 붙인다.

6. 그림을 벽면에 전시하고 친구의 작품을 감상한다.

활동사진

활동 시 유의사항

불린 미역을 탐색할 수 있도록 미리 불린 미역을 준비한다.

확장활동 자연탐구 : 마른미역 불리기 실험

활동명 : 달걀 껍데기 우리 가족

대상연령 만 4세

활동형태 대집단-개인

심리 · 정서 목표

- 우리 가족의 모습을 미술 놀이로 표현할 수 있다.
- 가족들의 감정을 표정으로 표현하면서 부정적 감정도 자연스럽게 받아들이도록 한다.

준 비 물 달걀 껍데기, 색종이, 리본, 스티커, 네임펜

활동내용

1. 삶은 달걀과 달걀 껍데기를 탐색 · 비교한다.
   - 삶은 달걀을 먹을 때 껍데기를 까 본 적이 있니?
   - 삶은 달걀과 달걀 껍데기를 만졌을 때 어떤 느낌이 나니?
   - 힘을 주었을 때 어떻게 다르니?

2. 달걀 껍데기에 그림을 그리는 방법에 대해 알아본다.
   - 달걀 껍데기에 그림을 그려본 적이 있니?
   - 달걀 껍데기에 그림을 그릴 때 어떻게 그려야 할까?

3. 우리 가족의 모습을 떠올려 보며 구성원의 특징에 대해 이야기를 나눈다.
   - 우리 가족의 얼굴은 어떻게 생겼니?
   - 아빠의 얼굴과 나의 얼굴은 어떤 점이 같고 다르니?
   - 우리 가족은 기분이 좋을 때 어떤 표정을 짓니?
   - 우리 가족은 기분이 나쁠 때 어떤 표정을 짓니?

4. 달걀 껍데기에 우리 가족의 모습을 그린다.

5. 달걀 껍데기 가족화 속 가족의 감정과 표정에 대해 이야기를 나눈다.

- 그림 속 가족의 기분은 어떠니? 왜 그렇게 생각했니?

6. 그리면서 즐거웠던 점과 어려웠던 점에 대해 이야기를 나눈다.

활동사진

활동 시 유의사항

달걀 껍데기에 그림을 그릴 때 깨지지 않게 주의한다.

확장활동 게임 : 감정 알기 게임(선생님 또는 친구의 표정을 보고 어떤 감정인지 알아맞히기)

2) 문제 해결

(1) 감정표출과 감정정화 작업

활동명 : 낙엽놀이

대상연령 만 4세

활동형태 대집단-개인

심리 · 정서 목표

- 낙엽을 다양한 방법으로 탐색하며 스트레스를 해소한다.
- 낙엽을 가지고 표현하는 동안 자유롭고 편안함을 느낄 수 있다.

준 비 물 낙엽, 도화지, 딱풀, 코팅지, 코팅기, 유성펜

활동내용

1. 낙엽을 다양한 방법으로 탐색한다.
   - 낙엽을 만져 보니 느낌이 어떠니?
   - 낙엽을 손으로 부수어 보자/ 발로 밟아 보자.
   - 낙엽이 부서지는 소리가 어떠니?
   - 어떤 기분이 드니?

2. 낙엽놀이 활동을 소개한다.

<낙엽놀이>

- 흰 도화지에 낙엽을 이용하여 표현하고 싶은 것을 구성한다.
- 구성한 낙엽을 모양대로 붙이고 유성펜을 이용하여 추가로 꾸민다.
- 코팅지를 씌워 코팅한다.

3. 낙엽놀이 활동을 한다.

- 낙엽으로 무엇을 표현하고 싶니?
- ○○을 만들려면 어떤 모양의 낙엽이 필요할까?

4. 완성된 작품을 감상한다.

활동사진

활동 시 유의사항

사전활동으로 유아들이 스스로 낙엽을 줍는 활동을 진행한다.

유아들이 자유롭게 낙엽을 탐색할 수 있는 시간을 제공한다.

확장활동 언어활동 : 친구들의 낙엽그림 연결해서 동화구성하기
(스토리텔링 만들어 오기)
자연탐구 : 낙엽으로 촉감판 만들기

활동명 : 씨앗 꽃잎 만다라

대상연령 만 3세

활동형태 대집단-개인

심리 · 정서 목표

- 서로 다른 색과 모양들이 조화를 이루는 것을 안다.
- 만다라를 구성하며 집중력을 기르고 긴장을 완화시킨다.

준 비 물 다양한 씨앗, 다양한 꽃잎, OHP 필름

활동내용

1. 다양한 씨앗과 꽃잎을 탐색한다.
   - 씨앗/꽃잎의 모양은 어떠니?
   - 씨앗/꽃잎을 만져 보자, 느낌이 어떠니?
   - 씨앗과 꽃잎의 느낌은 어떻게 다르니?
   - 냄새를 맡아보자, 향은 어떠니? 어떤 기억이 나니?

2. 씨앗과 꽃잎의 모양이 다른 것처럼 우리도 생김새가 다르지만 모두 소중하다는 것에 대해 이야기를 나눈다.
   - 서로 다른 씨앗과 꽃잎을 보니 어떠니?
   - 씨앗과 꽃잎이 서로 다른 것처럼 우리도 서로 다르지만 모두 아름답고 소중하단다.

3. 씨앗 꽃잎 만다라 활동을 소개한다.

<씨앗 꽃잎 만다라>

- 만다라가 그려진 OHP 필름 위에 씨앗과 꽃잎을 이용하여 만다라를 꾸민다.

4. 활동을 한다.

5. 작품을 감상하며 표현에 대해 이야기를 나눈다.

- 교사 : 완성된 만다라를 보니 어떤 느낌이 드니/무엇과 같니?
- 예림 : 꼭 기호 같아요.
- 성일 : 빙글빙글 돌 것 같은 기분이 들어요.
- 교사 : 완성된 만다라에 제목을 지어본다면 뭐라고 지을 수 있을까?
- 예림 : 별이요.
- 교사 : 왜 별이라고 생각했니?
- 예림 : 반짝반짝 빛나는 별 같아요.

활동사진

활동 시 유의사항

만다라가 그려진 OHP 그림을 미리 준비한다.

유아들이 집중할 수 있도록 조용한 환경을 제공한다.

확장활동 예술경험 : 씨앗으로 마라카스 만들기

활동명 : 천연 염색 놀이

대상연령 만 4세

활동형태 대집단-개인

심리 · 정서 목표

- 자연물을 손으로 만지며 감각을 촉진시킨다.
- 카타르시스를 경험한다.
- 집단경험을 통해 협동심을 나눈다.
- 완성품을 통해 성취감을 얻는다.

준 비 물 치자, 포도, 거즈, 천, 고무줄

활동내용

1. 염색에 필요한 준비물을 탐색한다.

2. 치자, 포도 등을 관찰하며 이야기를 나눈다.
   - 치자와 포도는 어떻게 생겼니?
   - 치자와 포도에서 어떤 색깔의 물이 나올 것 같니?

3. 천연 염색놀이를 한다.

<천연 염색 놀이>

- 긴 천을 부분부분 고무줄로 단단히 묶는다.
- 치자 물과 포도 물에 천을 담근 후 손으로 주물러 골고루 염색이 되도록 한다.
- 고무줄을 풀어서 천을 햇빛에 말린다.

4. 활동과정 회상하며 느낀 점에 대해 이야기를 나눈다.
   - 염색 과정 중에 제일 재미있었던 경험은 무엇이었니?

5. 완성품을 감상하며 이야기를 나눈다.
   - 염색이 된 모양을 살펴보니 어떤 모습이 보이니?
   - 친구가 만든 염색과 내가 만든 염색의 모양을 비교해 볼까? 왜 다를까?
   - 완성된 천을 가지고 어떻게 놀이하면 좋을까?
   - 완성된 천을 누구에게 선물하고 싶니? 왜 그렇게 생각했니?

활동사진

활동 시 유의사항

모양을 잘 내기 위해 고무줄을 꽉 묶을 수 있도록 지도한다.

확장활동 게임 : 손수건 날리기 게임

(2) 애착형성

활동명 : 목화솜이 주는 선물

대상연령 만 4세

활동형태 대집단-개인

심리 · 정서 목표

- 가족들에게 선물하고 싶은 것을 떠올리며 가족을 사랑하는 마음을 갖는다.
- 나눔과 배려의 감정을 경험한다.

준 비 물 목화솜, 풀, 사인펜

활동내용

1. 목화 꽃과 목화솜에 대해 이야기를 나눈다.
   - 목화꽃을 본 적이 있니?
   - 목화솜의 냄새는 어떠니?
   - 목화솜을 만져 보니 어떤 느낌이 드니?

2. 목화솜으로 우리 가족에게 선물해줄 수 있는 것에 대해 이야기를 나눈다.
   - 목화솜으로 우리 가족에게 무엇을 만들어 줄 수 있을까?
   - 가족에게 필요한 것은 무엇이니? 왜 그렇게 생각했니?

<목화솜이 주는 선물>

- 가족을 떠올리며 목화솜으로 만들 수 있는 것을 선택한다.
- 도화지에 배경그림을 그린다.
- 목화솜으로 추가로 꾸며 준다.

3. 활동을 한다.

- 왜 엄마(아빠)에게 그것을 선물해주고 싶었니?

4. 완성된 작품을 보며 선물을 받는 가족의 기분에 대해 이야기를 나눈다.

- 엄마(아빠)의 기분은 어떨까?
- 선물을 받은 엄마(아빠)가 행복해하면 너의 기분은 어떨 것 같니?

활동사진

활동 시 유의사항

목화솜이 잘 붙지 않으므로 꼼꼼히 풀칠할 수 있도록 지도한다.

확장활동 미술활동 : 목화솜으로 겨울용품 만들기

활동명 : 나만의 식물

대상연령 만 4세

활동형태 대집단-개인

심리 · 정서 목표

- 색 모래를 담는 활동을 통해 집중력을 높인다.
- 식물이 뿌리를 내리고 잎이 커지는 과정을 통해 자신의 신체와 마음이 성장하는 것을 이해한다.
- 식물을 돌보는 과정을 통해 돌봄의 의미를 안다.

준 비 물 다육식물, 색 모래, 플라스틱 컵, 네임펜

활동내용

1. 재료를 탐색하며 이야기를 나눈다.
   - 색 모래를 만져 보니 느낌이 어떠니?
   - 다육식물을 보니 어떤 생각이 드니?

2. 나만의 식물 활동을 소개한다.

<나만의 식물>

- 색깔 네임펜을 이용하여 플라스틱 컵의 겉면을 장식한다.
- 장식한 컵에 색 모래를 담는다.
- 색 모래가 담긴 컵에 다육식물을 옮겨 심는다.
- 자신이 만든 컵 화분에 정서가 담긴 이야기를 하도록 한다.
  (내가 잘 돌봐줄 게./ 내가 사랑해 줄 게./ 너는 참 멋지게 생긴 식물이야.)

3. 작품을 통해 유아 자신은 누가 어떻게 돌봐주는가에 대해 이야기를 나눈다.

활동사진

활동 시 유의사항

다육식물을 조심스럽게 다룰 수 있도록 하며 식물을 아끼고 사랑하는 마음을 가질 수 있도록 지도한다.

확장활동 언어활동 : 다육식물 심기 활동을 하며 느낀 감정카드 만들기

3) 종 결

(1) 갈등 해소와 자존감 향상

활동명 : 소원 보물 만들기

대상연령 만 4세

활동형태 대집단-개인

심리 · 정서 목표

- 소원의 의미를 알고 소원을 빌며 자신이 바라는 내적 소망이 무엇인지 안다.
- 바라는 것이 이루어질 것이라는 긍정적인 마음을 지닌다.

준 비 물 전복 껍데기, 유성펜

활동내용

1. 전복 껍데기를 탐색한다.
   - 전복 껍데기 모양이 어떠니?
   - 느낌이 어떠니? 부드럽니, 거치니?
   - 색깔이 어떠니?

2. 소원의 의미에 대해 이야기를 나눈다.
   - 소원이란 말을 들어 본 적 있니?
   - '소원'은 무슨 뜻일까?

3. 나의 소원에 대해 말해 본다.
   - 만약 소원이 이루어진다면 어떤 소원을 빌고 싶니?

<소원보물 만들기>

- 전복껍데기를 자유롭게 꾸민다.
- 나의 소원을 적는다.

4. 소원보물 만들기 활동을 한다.

5. 소원보물을 보며 내가 바라는 것을 떠올려 보고 소원을 기도한다.

활동사진

활동 시 유의사항

전복 껍데기의 표면이 거치므로 유아들이 활동할 때 조심해서 다룰 수 있도록 유의한다.

확장활동 미술활동 : 소원나무 만들기

(교사가 준비한 나무틀에 유아들이 자신의 소원보물을 단다.)

활동명 : 소망나무

대상연령 만 4세

활동형태 대집단-개인

심리 · 정서 목표

- 자신이 원하는 잠재적 소망을 이해하고 표현할 수 있다.

준 비 물 꽈리, 나뭇가지, 빵끈, 네임펜

활동내용

1. 재료를 탐색하며 이야기를 나눈다.
    - 꽈리를 본 적이 있니?
    - 꽈리를 만져 보니 어떠니?
    - 꽈리 안에는 무엇이 있을까?

2. 자신이 바라는 소망에 대해 이야기를 나눈다.
    - 네가 마음속으로 꼭 이루어졌으면 하고 바라는 것이 있니?
    - 네가 바라는 것은 무엇이니?
    - 왜 그런 생각을 했니?
    - 소망과 소원은 같은 것일까? 다른 것일까?

2. 소망나무 활동을 소개한다.

<소망 나무>

- 네임펜을 이용하여 꽈리 열매에 자신의 소망을 글과 그림으로 표현한다.
- 꽈리열매를 나뭇가지에 달아준다.

3. 소망나무 만들기 활동을 한다.

4. 소망나무를 보며 내가 바라는 소망을 떠올려 본다.

활동사진

활동 시 유의사항

꽈리는 부서지기 쉬우므로 조심히 다룰 수 있도록 지도한다.

확장활동 언어활동-소망카드 만들기

활동명 : 나에게 날개가 있다면

대상연령 만 4세

활동형태 대집단-개인

심리 · 정서 목표

- 자신의 생각과 느낌을 자유롭게 표현한다.
- 잠재된 욕구를 표출하며 잠재된 자아를 확장시킬 수 있다.
- 자신의 가능성을 안다.
- 긍정적인 자아개념을 지닌다.

준 비 물 깃털, OHP 필름, 유성펜, 유아얼굴 사진, 도화지

활동내용

1. 유아들과 깃털을 탐색한다.
   - 어떤 느낌이 드니?
   - 깃털을 보니 무엇이 떠오르니?

2. 만약 나에게 날개가 있다면 무엇을 할 수 있을지 이야기를 나눈다.
   - 나에게 날개가 있다면 무엇을 할 수 있을까?

3. '나에게 날개가 있다면' 활동을 소개한다.

4. 활동을 한다.

<나에게 날개가 있다면>

- 얼굴 사진을 오려낸다.
- OHP 필름에 얼굴 사진을 붙이고 팔, 다리 등 몸을 그린다.
- 완성된 그림에 깃털을 붙인 후 오려낸다.

- 도화지에 나에게 날개가 있다면 할 수 있는 것을 상상하여 그린다.

5. 작품을 감상하며 이야기를 나눈다.

- 날개가 있다면 무엇을 할 수 있다고 했니?
- 날개가 있다고 상상하니 어떤 기분이 들었니?

활동사진

활동 시 유의사항

가위 사용에 주의하며 유아들이 상상력을 적극적으로 표현할 수 있도록 지지한다.

확장활동 미술활동 : 날개 달린 '나' 인형을 활용한 모빌만들기

활동명 : 호박 등 만들기

대상연령 만 4세

활동형태 대집단-개인

심리 · 정서 목표

- 가족에 대한 사랑을 경험한다.
- 자신이 바라는 것이 무엇인지 안다.
- 가족에 소속감을 느낀다.
- 작품에 대한 성취감을 갖는다.

준 비 물 노란 호박, 칼, 유성펜, 납작초

활동내용

1. 호박에 대해 이전경험을 떠올려 보고 이야기를 나눈다.

2. 호박의 용도와 다양한 호박의 종류에 대해 이야기를 나눈다.

3. 호박 등 만들기 활동에 대해 소개한다.

<호박 등 만들기>

- 호박을 고른다.
- 호박에 유성펜으로 자유롭게 꾸며 본다.
- 호박을 자른 후 호박 속을 파낸다.
- 파낸 호박 속에 초를 넣고 점화한다.

4. 호박 등을 만들어 본다.

5. 호박 등을 보며 우리 가족을 떠올려 보고 가족 한 사람씩 생각하며 각각의 소원을 기도한다.

6. 가족을 위한 기도를 하고 자신이 가족에게 어떤 존재인지 이야기를 나눈다.

활동사진

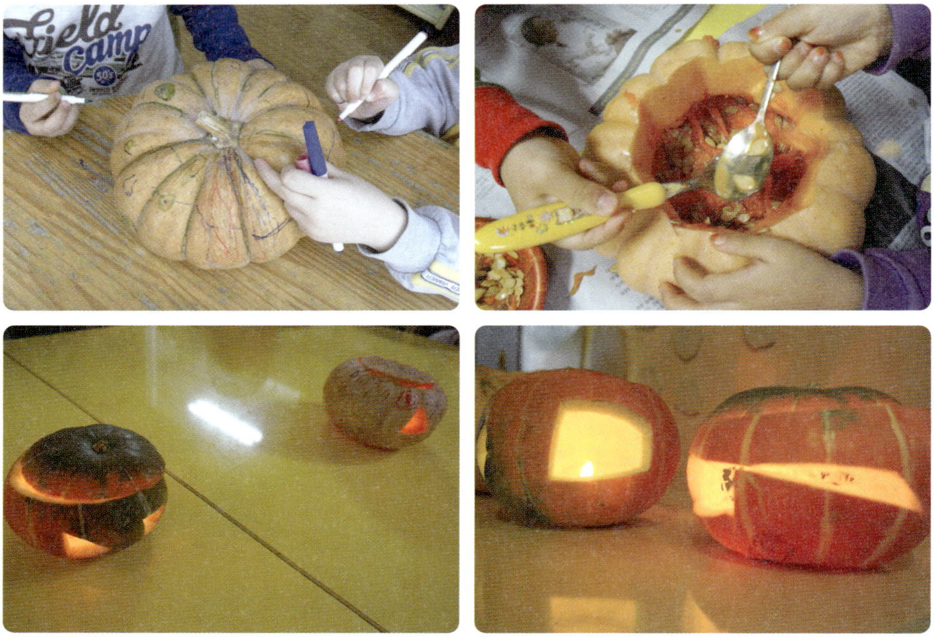

활동 시 유의사항

호박은 유아들이 칼질하기에 단단하고 위험하기 때문에 호박을 잘라내는 작업은 교사가 도와준다.

유아들이 활동하는 과정에서 협동 효과의 의미를 느낄 수 있도록 유도한다.

확장활동 예술경험 : 호박에서 파낸 호박씨를 이용하여 만다라 구성하기

참고문헌

강정임(2001). 종이접기 조형 활동이 초등학생의 창의력과 학업 성취도에 미치는 효과. 경성대 교대 석사논문.

계은주(2001). 특성 불안과 우울 수준에 따른 자아방어기제 사용. 이화여대 석사논문.

공마리아 외(2004). **미술치료 개론**. 서울 : 동화문화사.

권남희(2011). 미술치료 수업을 통한 자아존중감 향상에 관한 연구. 공주교대 석사논문.

김선현(2006). **임상미술치료의 이해**. 서울 : 학지사.

김애숙(2001). 종이접기활동이 주의력 결핍, 과잉행동장애 아동의 행동 변화에 미치는 효과. 인제대 교대 석사논문.

김영미(1997). 콜라주에 의한 미술치료가 장애아동의 행동 개선에 미치는 효과. 대구대학교 석사논문.

김정은(2003). 청소년기의 치료적 미술활동 프로그램 제안. 이화여대 석사논문.

김정희(2009). 색을 통한 미술 심리 치료 연구. 강원대 교육대학원 석사논문.

김정희(2010). 색을 통한 미술 심리치료 연구. 강원대 교육대학원 석사논문.

김현지(2005). 발달장애 아동의 촉각 중심 감각 활동을 위한 미술치료 매체 활용방안. 원광대 석사논문.

김형일(2010). 자연 매체를 이용한 미술치료가 신경증 성인 여성의 우울, 불안에 미치는 효과. 나사렛대학교 석사논문.

박이문(2001). **더불어 사는 인간과 자연**. 서울 : 미다스북스.

복현순(2002). 친환경적 표현재료를 이용한 조형 활동 방안 연구. 홍익대 석사논문.

신승녀(2009). **미술치료 핸드북**. 서울 : 창지사.

엄상진(2008). 자연물을 이용한 집단 미술치료가 지적 장애 아동의 사회성 향상에 미치는 영향. 원광대 석사논문.

옥금자(2007). **미술치료 평가 방법의 이론과 실제**. 서울 : 하나의학사.

이경아(2004). 미술치료에서 색의 활용방안. 원광대 환경보건대학원 석사논문.

이병택(2003). 식물과 상호작용이 초등학생의 감성지능에 미치는 영향. 한세대 석사논문.

이부영(2004). **분석심리학**. 서울 : 일조각.

이정미(2005). 불안/우울 및 위축 아동의 애착 유형에 관한 연구. 대구대학교 대학원 특수교육학과 석사논문.

임명화(2002). 콜라주기법이 주의력결핍 과잉행동 아동의 행동과 심리 변화에 미치는 효과. 대구교대 교육대학원 석사논문.

정여주(2003). **미술치료의 이해-이론과 실제**. 서울 : 학지사.

정현희(2008). 미술치료가 불안정 애착 아동에게 미치는 영향. 동국대 석사논문.

주리애(2000). **미술치료는 마술치료**. 서울 : 학지사.

주점숙(2004). 초등학생의 불안과 우울에 대한 동적 가족화 반응특성분석. 여수대 석사논문.

최영훈(1990). **색채학 개론**. 서울 : 미진사.

최외선 · 이근매 · 김갑숙 · 최선남 · 이미옥(2006). **마음을 나누는 미술치료**. 서울 : 학지사.

한국미술치료학회(1994), **미술치료의 이론과 실제**. 서울 : 동아문화사.

저자 소개

오연주 : 대림대학교 유아교육과 교수
이화여자대학교 대학원 졸업
경희대학교 박사

홍혜자 : 미술치료사(바움)
이화여자대학교 대학원 졸업

성주연 : 미술치료사(안양시 건강가족지원센터)
이화여자대학교 대학원 졸업

김현지 : 대림대학교 강사
중앙대학교 대학원 졸업
중앙대학교 박사과정

미술치료

-유아를 위한 심리정서적 접근-

초판 1쇄 발행 2014년 12월 30일
초판 2쇄 발행 2017년 8월 30일

지은이 | 오연주·홍혜자·성주연·김현지
펴낸이 | 김기섭
편집인 | 이윤미
펴낸곳 | 창지사 www.changjisa.com
153-802 서울시 금천구 가산디지털 1로 83 파트너스타워 1차 9층
전화 (02) 719-2211~3
팩스 (02) 701-9386
등 록 | 1977년 4월 28일·제1-421호

ISBN 978-89-426-0799-0 (93370)

값 17,000원

『이 도서의 국립중앙도서관 출판예정도서목록(CIP)은 서지정보유통지원시스템 홈페이지(http://seoji.nl.go.kr)와 국가자료공동목록시스템(http://www.nl.go.kr/kolisnet)에서 이용하실 수 있습니다.(CIP제어번호: CIP2015011350)』